D1717565

Wolfgang Rebitsch

Weltenwanderer

Menschen und Mächte der Zeitenwende um 1500

Edition Tirol

Bildnachweis:
Wolfgang Rebitsch, Martin Reiter,
Tiroler Landesmuseum, wikimedia

Rebitsch Wolfgang: Weltenwanderer –
Menschen und Mächte der Zeitenwende um 1500

Dr. Wolfgang Rebitsch. – Reith i. A.: Edition Tirol, 2021

ISBN-13 978-3-85361-246-0
1. Auflage 2021

9 783853 612460

Satz und Gestaltung:
www.edition.tirol • A-6235 St. Gertraudi 16
Urheberrechtlich geschützt – Nachdruck, Vervielfältigung
(auch auszugsweise) nur mit ausdrücklicher Genehmigung des Verlages

INHALT

Der letzte Kampf eines Todkranken – vergebliche Hilfe – Ärzte streiten – eine böse Seuche – Erinnerungsfetzen im Fieber – die Eltern.

Bergbauort Schwaz – Erzählungen eines Zillertaler Veteranen – mit Maximilian in Burgund – bei den Landsknechten – eine harte Ausbildung – Schifffahrt auf Inn und Donau – die Sitten der Flussschiffer – Kaiser Friedrich III. und sein Sohn Maximilian – Kämpfe im Herbstnebel – als Grubenzimmerer im Bergrevier Rattenberg – gekaufte Sinneslust – neue Heimstatt.

Eine eigenwillige Bauerntochter – Frauen in der Feudalzeit – Verbindungen Bauerntöchter mit Bergverwandten – Heirat in Mehrn – bescheidener Wohlstand.

Die nächste Generation – Prophezeiung am Markt – Kindheit im Dreiländereck – politische Entwicklungen – eine Familie im Bergbaurevier – die Bruderschaft der Grubenzimmerer – Belagerung von Kufstein – ein neuer Landesherr – Grundsteinlegung einer Kirche – Zwist in der örtlichen Geistlichkeit – ein alter Schulmeister – die erste Begegnung – eine neue Gaststätte – Streit wegen Holztransport – Reformation und erste Sendboten des Luthertums.

Maximilians Tod – Anarchie und Reformation – ein gefährlicher Überfall – Einweihung der neuen Kirche – hoher geistlicher Besuch – ein Kardinal im Schloss Matzen – Feier und Streit in der Taverne – Flucht aus Tirol.

Ein streitbarer lutherischer Kaplan – das Luthertum im Silberland – die Tochter des Hüttenmeisters – die „Täufer" breiten sich aus – verstohlene Treffen – als Magd in der Stablmühle – vom Mönch zum Missionar – eine gewaltfreie Lehre – alarmierte Behörden – Verhaftung und Hinrichtung – Beginn der Verfolgung.

Auf einer spanischen Galeone – ein Schiffsjunge bei Kolumbus – Erzählungen des Kapitäns – Empfang in La Gomera – Beatriz de Bobadilla – eine begehrte Zofe am spanischen Hof – Seemannsgarn – Monster und Meermenschen – neue Weltsicht – Elend auf einer Galeere – im Königreich Hispania – das reiche Sevilla.

4

EINE EINFÜHRUNG

Einer außergewöhnlichen Frau ist es letztlich zu verdanken, dass eine bewegte Zeit in romanhafter Form wiederum auflebt. Meine Großmutter Anna hat mit ihren Erzählungen eine „Brücke" über die Jahrhunderte geschlagen: Sie berichtete ihren Enkeln über das tragische Schicksal eines irregeleiteten Müllers. Dieser sei dazu verdammt worden, in unserem uralten Elternhaus als ruheloser Geist seufzend zur nächtlichen Stunde Mehlsäcke zu schleppen.

Das Studium der Ortsgeschichte offenbarte den historischen Kern des „Müllergeistes": aus dem Dunkel der Geschichte taucht der begüterte Müllermeister Wilhelm Dänckl auf, dessen Bekenntnis zu den „Täufern" nicht nur ihm zum Verhängnis wurde. Angeregt von seinem Schicksal war mein Weg zur Erkundung seines Umfeldes nicht mehr weit.

Bisweilen gefällt es der Geschichte, sich quasi zu „verdichten" und ihren gemächlichen Ablauf deutlich zu beschleunigen. In der „Wendezeit" um 1500 häufen sich markante Ereignisse; eine neue Epoche kündigt sich an, begleitet von sozialen Krisen und religiösen Konflikten. Es ist eine wechselhafte und grausame, aber gleichwohl faszinierende Zeit.

Dieser Roman hält sich weitgehend an die geschichtlichen Tatsachen, die Bilder sind über 400 Jahre alt. Die meisten der handelnden Personen haben tatsächlich gelebt. Als „roter Faden" dienen die Schicksale von drei Generationen der Tiroler Bergmannsfamilie Haller. Deren Lebensläufe sind geprägt vom Silberrausch in ihrer Heimat, von der blutigen Verfolgung der „Täufer" und den Bauernkriegen.

Sie werden Teil eines wechselvollen Weltgeschehens. Georg und Martin Haller verschlägt es als Landsknechte an die Brennpunkte der großen Politik, sei es im umkämpften Italien, an Österreichs Ostgrenze oder in den neuen Kolonien Spaniens jenseits des Atlantiks. In der Heimat wagt eine starke

Frau ein eigenwilliges Leben, eine große Liebe triumphiert schließlich über alle Widrigkeiten.

Wenn auch die Zeit der Hallers und ihrer Zeitgenossen schon ein halbes Jahrtausend zurück liegt, erscheint sie auch in romanhafter Form beklemmend aktuell. Wieder, wie es scheint, dämmert eine neue Zeit heran, beschleunigt durch die Corona-Pandemie, deren langfristige Auswirkungen noch nicht absehbar sind.

Brixlegg im Herbst 2021

Wolfgang Rebitsch

LAND UND LEUTE UM 1500

Orte der Handlung: das Nordtiroler Bergbaurevier zwischen Schwaz und Rattenberg, das Salzburger Ennstal um Radstadt, der Grenzraum zwischen Wien und Wiener Neustadt, die Städte Budweis und Krumau im Königreich Böhmen;

Norditalien mit Venedig und der Poebene, Mittelitalien mit Rom und Frascati; Spanien mit Sevilla, die Kanarischen Inseln, die spanischen Kolonien in der Karibik mit Puerto Plata und Santo Domingo.

Personen im Tiroler Unterland und der Grafschaft Tirol – fiktiv* und historisch:

• **Familien Haller*** – drei Generationen :
Die Großeltern: Heinz Haller und Margreth Vomperin;
Die Eltern: Georg Haller, Grubenzimmerer (1467-1546) und Anna Burglechnerin (1480 – 1539).
Die Kinder: Martin Haller, Soldat und Grubenzimmerer (10. 11. 1500 – 23. 8. 1563) und seine zwei Schwestern ; Martins „große Liebe" *Agnes Halbwirth* (1508 – 1578

• **Die Täufer,** auch **„Wiedertäufer"** und **„Hutterer"** genannt:
Lienhart Schiemer: ehem. Mönch und Missionar der Täufer, hingerichtet am 12. Jänner 1528;
Wilhelm Dänkl, der „Stablmüller", seine Familie, und sein Gesinde; in Brixlegg-Oberdorf.
Gschäll-Brüder in Kramsach,
Mehrere Familien in Radfeld, Rattenberg, Kramsach, Brixlegg und Umgebung.
Pilgram Marpeck (1495 – 1550), Bergrichter in Rattenberg.

• **Bartlmä Anngst** (+1528), Stadtrichter von Rattenberg, und sein Nachfolger **Ernst Pranndt**, betraut mit der Verfolgung der Täufer; 71 Hinrichtungen im Landgericht Rattenberg.

- **Johann Frey und sein Sohn Melchior,** Scharfrichter für das nördliche Tirol.
- **Ferdinand I.** (1503-1564), Tiroler Landesfürst seit 1523, unerbittlicher Gegner der Täufer.
- **Michael Gaismair** (1490 Sterzing – 15. 4. 1532 Padua), Sekretär des Bischofs von Brixen, Schöpfer der „Tiroler Landesordnung", Kämpfer gegen die Feudalordnung.
- **Maximilian I** (22. März 1459 Wiener Neustadt – 12. Jänner 1519 Wels), ab 1490 Landesfürst von Tirol, erwirbt 1504 die bayerischen Landgerichte Rattenberg, Kufstein und Kitzbühel.
- **Matthäus Lang** (1468 Augsburg – 30. 3. 1540 Salzburg), Erzbischof von Salzburg, Kardinal; einflussreicher Diplomat in Maximilians Diensten.

Personen im Reich, in Italien, in der spanische Kolonie Hispaniola und um Wien:

- **Karl V.** (1500/1519-1556/58), römisch-deutscher Kaiser, Enkel Kaiser Maximilians, älterer Bruder Ferdinands; Tiroler Landesfürst von 1519 bis 1523, herrscht in Spanien als *Carlos Rey*.
- **Papst Clemens VII.** (1478/1523-1534), Giulio Medici, aus Florenz, Pontifikat während des „Sacco di Roma".
- **Karl von Bourbon** (1489-1527), Condottiere, Connétable von Frankreich, Anführer des kaiserlichen Heeres, beim Sturm auf Rom erschossen.
- **Niklas Seidensticker**, aus Innsbruck, Profos im kaiserlichen Heer bis zum „Sacco di Roma".
- **Jörg von Frundsberg** (1473-1528), berühmter Landsknechtsführer in kaiserlich-habsburgischen Diensten; seine Vorfahren stammen aus Tirol.

- **Diego de Colon** (1479 – 23.2.1526), Sohn von Kolumbus; spanischer Vizekönig auf der Insel Hispaniola seit 1510, 1524 Rückberufung nach Spanien.
- **Maria Alvarez de Toledo y Rojas** (1490 – 1549), Ehefrau von Diego de Colon, gebar ihm sechs Kinder; nach dem Tod Diegos Vizekönigin in Hispaniola.
- **Beatriz de Bobadilla**, genannt „La Cazadora" (1462 – 1504), allgemein begehrte Zofe am spanischen Königshof, dann Herrin von La Gomera.
- **Angelica, Marquesa von Aranjuez*,** 22 Jahre, bereits Witwe und Hofdame der Vizekönigin Maria von Toledo, Geliebte von Martin Haller, ermordet im Juni 1524.
- **Anna Magdalena Bortolotti*:** 19 Jahre, aus Ostia, Tochter eines wohlhabenden italienischen Kaufmanns, gerettet von Martin aus dem *Sacco di Roma*.
- **Don Alonso Marques de Miranda***, spanischer Offizier; Befehlshaber der Garnison von Puerto Plata, Nordküste von Hispaniola.
- **Manuel Lopez***, Kapitän der „Santissima Trinidat", zuvor Schiffsjunge bei Kolumbus.
- **Miguel***, Bauernsohn aus Andalusien, als Söldner in den spanischen Kolonien, dann im kaiserlichen Heer beim „Sacco di Roma", Tod durch die Pest im August 1527.
- **Johann Stöcklhuber***, bayrischer Söldner im Heer des Konquistadors Hernán Cortez, Teilnehmer am ersten Feldzug gegen die Azteken in Mexiko.
- **Heinz Werold*** (1502 – 1577), aus Trappold in Siebenbürgen, zeitweise in türkischen Diensten, dann Kampfgefährte und Freund von Martin H.

1. FIEBERTRÄUME

St. Gertraudi vulgo „Gai",
Grafschaft Tirol, 24. August 1563

Ein Gewitter kündigt sich an diesem schwülen Spätsommertag im Jahre des Herrn 1563 drohend an. Dunkles Gewölk ballt sich über dem nahen Rofangebirge und von Ferne rollt der Donner. Der Mann, der todkrank in der „Martinshütte" liegt, wird das Unwetter nicht mehr erleben.

Schon seit Tagen steht der Tod vor der Tür, noch wehrt sich der Kranke. Aber zunehmend schwindet die Hoffnung seiner Familie und weicht der Trauer über das Unvermeidliche. Mit rotgeweinten Augen sitzt seine Frau Agnes am Krankenbett des einst so energischen Mannes, der jetzt nur mehr ein Schatten seiner selbst ist.

Die besorgten Angehörigen haben das Menschenmögliche veranlasst, aber die dunklen Schatten der Vergänglichkeit sind nicht mehr zu vertreiben. Die Kunst des herbei geeilten Medicus ist am Ende, der im Übermaß angewandte Aderlass bringt keine Besserung, da kann sich der gelehrte Herr noch so auf die Flüssigkeitslehre des römischen Arztes Galenus berufen. Lautstark und ohne auf den Kranken zu achten, entbrennt ein heißer Disput mit einem jüngeren Kollegen aus Schwaz, der auf die Ratschläge des unlängst verstorbenen Arztes Paracelsus schwört, aber ebenfalls nicht zu helfen vermag. Auch die obskuren „Tränklein" aus der Apotheke in Rattenberg bleiben ohne Wirkung. Die letzte Hoffnung, der „Uheba", ein uralter heilkundiger Bauer aus dem hochgelegenen Weiler Zimmermoos, schüttelt nur mitleidig sein weißhaariges Haupt: es sei nichts mehr zu machen und alles liege nun in Gottes Hand.

Der fiebernde Mann ist nicht der einzige in diesem verfluchten Jahr 1563, der dem Tod nicht mehr zu entrinnen vermag.

Es ist eine Zeit des großen Sterbens unter den „Bergverwandten" im weitläufigen Bergrevier Rattenberg. Eine böse Seuche wütet unter den Knappen, Schmelzern und deren Angehörigen. Der Tod ist auch sonst allgegenwärtig in diesem betriebsamen Wirtschaftsgebiet am Alpbach und am Inn. Er schlägt tückisch zu in den wenig gesicherten Bergwerken, holt sich seine Opfer nach langwierigem Leiden. Die Menschen werden nicht alt in diesen Jahren, hohe Kindersterblichkeit und pestähnliche Seuchen wie die von 1528 oder 1563 plagen die Bevölkerung. Die Medizin, noch im tiefen Mittelalter gefangen, weiß kein wirksames Mittel, außer dem Ratschlag, wenn möglich, zu fliehen.

Das hat der fiebernde und abgezehrte Mann auf dem Krankenbett stets abgelehnt, obwohl er zum Unterschied gegenüber der übrigen Bevölkerung die Mittel dafür gehabt hätte. Aber lieber wolle er sterben in vertrauter Umgebung und umgeben von seinen Lieben, tut er in den wenigen lichten Momenten kund, als nochmals seinen Weg zu suchen hinaus in die weite Welt. Von der hat er wohl mehr als die meisten seiner Landsleute gesehen: unvergessen sind die feucht-schwülen Wälder der Karibik, die altehrwürdigen Bauten der „Ewigen Stadt", die unendliche Weite des Ozeans, die stickig-düsteren Gegenstollen im belagerten Wien, die Paläste und Kanäle Venedigs.

In seinen Fieberträumen taucht er tief ein in die Erinnerung an sein außergewöhnliches Leben. Er spürt abermals die drückende Hitze der tropischen Mangrovenwälder an der Nordküste der karibischen Insel Hispaniola. Er ist wieder der tapfere Gefolgsmann des Kolumbussohnes Diego, steht wieder an den Gräbern seiner spanischen Kameraden, die das unerbittliche Tropenklima dahingerafft hat. Aber seine fieberheiße Erinnerung gaukelt ihm auch die bedrückenden Bilder der Ureinwohner, der Tainos vor, denen das Erscheinen der europäischen Eindringlinge den Tod brachte.

Er glaubt, nochmals das aufreizende Trommeln des Götterkultes der Sklaven zu vernehmen, Bilder ihrer blutigen Rituale tauchen wieder aus der Vergangenheit auf.

In seinen Ohren schallt das Kriegsgeschrei des Bauernheeres vor den Mauern Radstadts im Salzburgischen. Die schmucke Stadt im Ennstal hat ihrem Landesherrn, dem weltmännischen Kirchenfürsten Matthäus Kardinal Lang, die Treue gehalten und wehrt sich nun wacker gegen den Ansturm der aufrührerischen Bauern und Knappen unter der Führung von Michael Gaismair. Vergeblich ist die Unterstützung durch Tiroler Bergverwandte, die im Pinzgau für die „gerechte Sache streiten wollen". Martin erlebt abermals ihren Misserfolg und das grauenvolle Ende der Bauernrevolte. Einem „harten Kern" gelingt die Flucht über die Berge auf venezianisches Gebiet. Vor seinem inneren Auge tauchen wieder die schneebedeckten Gipfel der Hohen Tauern auf, über die sich an die 1.500 Menschen Richtung Süden retten. Dort erwartet sie ein zwiespältiges Geschick und sie geraten in den Mahlstrom der Geschichte.

Abermals sieht sich Martin durch eine elegische Landschaft mit einem kaiserlichen Heer Richtung Rom marschieren. Inmitten von disziplinlosen Söldnern aus Italien und Spanien, aber auch lutherischen Landsknechten aus dem Heiligen Römischen Reich, von denen der Papst nichts Gutes zu erwarten hat. Der Todkranke erblickt die schlecht verteidigten Mauern der „Ewigen Stadt" und ist Zeuge der Hölle, die über Rom hereinbricht. Aber die Strafe für dieses beispiellose Wüten, das als „Sacco di Roma" im gesamten zivilisierten Europa Entsetzen und Abscheu erregt, folgt auf dem Fuße. Pest erfasst die mörderische Soldateska, die unermessliche Werte vernichtet hat, aber ihr Raubgut dann nicht mehr nutzen kann.

Unser Kranker lächelt trotz des nahenden Todes, denn vor seinem geistigen Auge erscheinen die spanische Adelige An-

Die historische „Martinshütte" in St. Gertraudi, heute als „Stof-
felhäusl" bekannt, wurde 1493 erbaut.

gelica, die in der Karibik einem feigen Mordanschlag zum Opfer fiel, und die Italienerin Anna-Maria. Die blutjunge Kaufmannstochter aus dem Weinort Frascati konnte er aus dem römischen Inferno retten. Sie wird es ihm durch hingebungsvolle Pflege danken, als er selber am „Schwarzen Tod" erkrankt.

Bruchstückhaft kommen die nächsten Erinnerungen: seine Heimkehr aus dem unruhigen Italien, ohne zur Ruhe zu kommen. Sein Aufenthalt im bedrohten Osten Österreichs, als gesuchter Bergmann in dem von den Türken belagerten Wien. Eine neue Freundschaft kommt ihm in den Sinn und eine kurzzeitige Beziehung nach dem Ende der Belagerung. Beides vermag ihn nicht in Wien zu halten, er bleibt ein Suchender. In einer böhmischen Stadt finden sich endlich die Liebenden.

Denn letztlich war Martins Herz immer an ein Mädchen aus Tirol gebunden, obwohl viele Frauen seinen Lebensweg gekreuzt haben.

Mühsam öffnet Martin nochmals seine lebensmüden Augen und blickt dankbar in das tieftraurige Gesicht seiner Frau Agnes, der großen Liebe seines Lebens. Trotz der langen Jahre der Trennung und den unterschiedlichen Lebensläufen waren dem außergewöhnlichen Paar nach weiteren Herausforderungen schließlich noch viele harmonische Lebensjahre in trauter Gemeinschaft vergönnt.

Langsam sinken die Lider des Sterbenden über seine brechenden Augen, sein Lebenslicht erlischt und die Umstehenden verblassen. Das verhaltene Schluchzen der Frauen und Kinder, die Gebete des Mönchs aus dem Rattenberger Kloster, dringen immer schwächer an sein Ohr. Er sinkt ab in eine Welt zwischen Leben und Tod; treibt durch dunkle Gefilde einem fernen Licht entgegen. Dort erwarten ihn schemenhaft die Gestalten seiner Eltern Anna und Georg aus längst vergangenen Tagen …

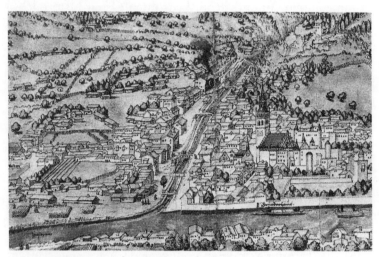

Schwaz, Zentrum des Tiroler Bergbaus um 1500 (Aus: Schwazer Bergbuch von 1556).

2. LEBEN IN BEWEGTER ZEIT

Ein alter Veteran und junger Rekrut
Tirol und Burgund, 1470 bis 1500

Georg Haller, der Vater, war für seinen Sohn Martin zeitlebens eine prägende Gestalt. Aufgewachsen ist der stämmige Mann in Schwaz, dessen silber- und kupferreichen Berge ab 1420 eine ungeahnte wirtschaftliche Blüte bewirkten. Man erzählt, die Bergbauzeit soll mit dem Stier einer Magd namens Kandlerin begonnen haben. Der hätte 1409 mit seinen Hörnern wutschnaubend im Erdreich gewühlt und zufällig eine Erzader freigelegt.

Die Kunde vom Bergsegen in Tirol verbreitet sich rasch in Europa. Knappen aus aller Herren Länder machen sich auf zu den Bergwerken von Schwaz und schürfen die begehrten Erze Silber und Kupfer. Ein „Silberrausch" erfasst die Menschen, man kann sein Glück machen im betriebsamen Ort im Schatten der Burg Freundsberg, aber auch früh sterben.

Georg Hallers Lebensweg scheint bereits vorgezeichnet, wie sein Vater Fritz erlernt er früh das anspruchsvolle Handwerk der Grubenzimmerer. Deren Arbeit ist gefahrvoll, aber höchst notwendig: mit Grubenholz werden die brüchigen Wände der Stollen abgestützt und gesichert.

Aber in seinen jungen Jahren hat er – des anstrengenden Bergmannslebens leid und des Dauerstreits mit dem zweiten Mann seiner Mutter – Tirol verlassen und sich dem Kriegshandwerk verschrieben. Auch treibt ihn jugendliche Abenteuerlust, den letzten Anstoß bringen die Erzählungen vom Zillertaler Hans, einem schwer gezeichneten Veteranen. Dieser ist heilfroh, als Hilfskraft im hochgelegenen Benediktinerkloster St. Georgenberg nicht verhungern zu müssen. Kriegsversehrte Veteranen, wenn sie nicht in einen Familienverband zurückkehren können, enden häufig als Bettler. Ein erbärmliches Dasein, aber sie leben noch. Die meisten ihrer Kameraden verlieren auf den blutigen Schlachtfeldern schon früh ihr junges Leben.

Bei seinen Botendiensten sucht der Zeller-Hansal in Schwaz gerne die beliebte Schänke „Zum Stier der Kandlerin" gleich neben der Pfarrkirche auf. Der Zillertaler ist seit seiner Kriegszeit dem Trunke nicht abhold, was ihm schon mehrfach trotz seiner sonstigen Verlässlichkeit den Tadel der frommen Brüder eingetragen hat. Irgendwann im Sommer 1487 trifft er erstmals mit einem jungen Grubenzimmerer zusammen, der ihn zu einem Umtrunk einlädt.

Der saure Wein ist zwar unverschämt teuer, aber er löst trotzdem die Zunge des Zillertalers. Umgeben vom Stimmengewirr der Schänke tut sich dem jungen Mann eine völlig unbekannte Welt auf. Dem begierig lauschenden Georg erzählt er vom lockeren Soldatenleben und gaukelt ihm wider besseren Wissens das falsche Bild eines frischfröhlichen Krieges vor. Der Alte war als Söldner sogar bis Burgund gekommen und hatte sich dort in das deutsche Fähnlein eingereiht, das für Maximilian von Österreich kämpfte. Mehrere Scharmützel auf den Ebenen Flanderns überlebte Hauser mit leichten Verletzungen, deren Narben er stolz präsentiert: „Ich hab' unter dem gefürchteten Reinprecht von Reichenburg gedient, der uns gegen Geldern geführt hat. Das war eine ungute Gegend."

Hansal hat noch Maria von Burgund gesehen, die reichste Erbtochter der europäischen Fürstenhöfe – und entsprechend begehrt. Sie sei eine wahre Prinzessin gewesen, eine sehr vornehme Dame, schwärmt der Veteran, und dem Habsburger in Bezug auf Eleganz und Lebensart weit überlegen. Sie hätte öfters die Nase gerümpft, weil Maximilian zu selten ein Bad nähme, weiß der redselige Hansal zu berichten. Auch an seiner Kleidung hätte sie Einiges auszusetzen gehabt. Trotzdem seien die beiden ein ideales Paar geworden,

Maximilian und seine Gattin Maria von Burgund. Aus dem Weißkunig, Hans Burgkmair d. Ä., um 1500.

das sich zunächst nur in lateinischer Sprache verständigen konnte. Maximilian hätte sie innig geliebt, was eine Ausnahme unter den fürstlichen Ehen war.

„Ich durfte in Gent ein paar Mal als Leibwache hinter dem fürstlichen Paar stehen", behauptet der alte Veteran, „denn es gab immer wieder Streit mit den Untertanen. Die reichen flämischen Bürger waren recht widerspenstig. Sie haben der jungen Herzogin einige Zugeständnisse abgetrotzt. Außerdem haben die Franzosen im Hintergrund für Aufruhr ge-

Die flämische Stadt Gent, Residenz des herzoglichen Paares.

sorgt. Der französische König Ludwig IX. hat es dem Habsburger nie verziehen, dass Maria nicht seine Schwiegertochter geworden ist. Er wollte sie unbedingt als Gemahlin für seinen fünfjährigen Sohn Karl haben".

Aber unvergesslich bleiben für Hansal der Höhepunkt und zugleich der tragische Wendepunkt seines Lebens. Georg hört von der Schlacht von Guinegate, wo bei einem kleinen Dorf in Frankreich im August 1479 das weit überlegene Ritterheer Frankreichs und die flämisch-deutschen Kriegsknechte Burgunds aufeinander prallten: „Eigentlich hätten wir die Schlacht verlieren müssen, denn die schwer gepanzerten Franzosen auf ihren mächtigen Pferden waren ein furchterregender Anblick", erzählt der alte Veteran mit stolzer Miene, „aber gegen unsere lanzenstarrenden Gewalthaufen kamen sie nicht an."

Der Zillertaler sieht die fragende Miene Georgs und erklärt ausführlich die neue Kampfesform, die dem Fußvolk bessere Abwehrmöglichkeiten bietet. Die Truppen Maximilians hatten diese von den Schweizern übernommen, die als Erste die mit langen Spießen bewaffneten Gruppen, Gewalthaufen genannt, auf dem Schlachtfeld einsetzten. Hauser kommt abermals ins Schwärmen: „Und weißt du was? Neben mir hat Herzog Maximilian gekämpft, wie ein einfacher Kriegsknecht mit einer langen Lanze!"

Was er nicht gerne erzählt, ist der Schock und grauenhafte Schmerz beim unerwarteten Schwerthieb eines französischen Ritters, der ihn seine linke Hand kostete. Hansal hatte das seltene Glück, von einem erfahrenen Feldscher behandelt zu werden, der ihn durch schnelles Abbinden und Ausbrennen der Wunde vor dem Verbluten bewahrte. In einem burgundischen Kloster überlebte er durch gute Betreuung die Folgen seiner schweren Verwundung. Vom gefürchteten Wundbrand blieb er verschont. Die flämischen Schwestern hatten sich aufopfernd um den Verletzten bemüht. Die junge Sr. Godelinde wäre fast dem herben Charme des Zillertalers erlegen: „Irgendwie habe ich der jungen Flämin gefallen und sie wollte mit mir aus dem Kloster fliehen. Aber was will sie mit einem einarmigen Krüppel anfangen ...?"

Der warnende Anblick des schwer gezeichneten Veteranen hält Georg Haller nicht von seinen hochfliegenden Plänen ab. Der Habsburger Maximilian ist wieder im Lande und sucht Kämpfer für seine unzähligen Kriege – nur mit dem Sold ist er wegen seines notorischen Geldmangels häufig säumig.

Trotzdem folgen viele junge Männer den dumpfen Tönen der Werbetrommeln und strömen zu den Sammelplätzen der „Kriegsvölker", wie man die Heerhaufen in der Zeit um 1500 nennt. Mit anderen abenteuerlustigen Gleichaltrigen, aber auch alten Haudegen, zieht Georg über den Brenner zum Städtchen Glurns. Der wohlbefestigte Ort im Vinschgau ist durch seine Lage an der alten Handelsstraße reich geworden und ist wegen seiner Nähe zu Italien und der Schweiz ein beliebter Ort für Anwerbungen.

Dunkelhaarige Gestalten mischen sich unter die jungen Männer. Das seien Abgesandte von „Condottieres", von italienischen Söldnerführern, geht die Rede unter den Wartenden. Man hört, dass sie neue Kämpfer für die zahllosen Auseinandersetzungen zwischen den Stadtstaaten Italiens suchen und mit einem beachtlichen Handgeld locken.

Trotz der verführerischen „welschen" Angebote gesellt sich Georg lieber zu den Österreichern. Misstrauisch beäugt er zunächst ihr Handgeld, denn statt der erwarteten Gulden werden ihm nagelneue „Guldiner" übergeben. Die Werber aus dem Osten der habsburgischen Länder beruhigen ihn: „Das sind die neuen Silbermünzen, die der frühere Tiroler Landesfürst Sigismund vor einigen Jahren in Hall hat prägen lassen", hört er und erfährt, dass Sigismund auch deshalb den Beinamen „der Münzreiche" bekommen hätte.

Den angehenden Landsknechten öffnet sich eine besondere Welt mit eigenen Gesetzen. Das Kriegshandwerk befindet sich im Umbruch. Landsknechte – eigentlich „Lanzenknechte" wegen ihres langen Spießes – kämpfen für entsprechende

Städtchen Glurns – nur wenig verändert seit 1500.

Landsknechte

Entlohnung und nicht mehr als Treue zum Lehensherrn oder zum Schutz der Heimat. Auch ein Seitenwechsel ist möglich, wenn der Kriegsherr mit der Bezahlung säumig ist. Vier Gulden sind der monatliche Sold. Der verdoppelt sich, steht ein Kämpfer an einer besonders gefährdeten Stelle in der Schlacht. Ein Bauernknecht verdient einen Bruchteil davon, meist nur in Form von Naturalien. Ein städtischer Handwerker kommt auf einen monatlichen Verdienst von etwas mehr als zwei Gulden. So ist das Kriegshandwerk durchaus anziehend für junge Männer, dazu kommt noch die Hoffnung auf reiche Beute.

Vor ihrem ersten Einsatz erleben die angehenden Landsknechte eine gnadenlose Ausbildung auf den Feldern zwischen Glurns und dem Dorf St. Martin. Bis zur Erschöpfung wird der Gebrauch der Pike geübt, eines langen Spießes, der in Masse eingesetzt den Rittern durchaus Paroli bieten kann. „Der lange Spieß", hämmert ein alter Feldwebel den jungen Rekruten ein, „ist euer Schutz. Kommt der gepanzerte Ritter an euch heran, seid ihr verloren. Ihr habt kein Eisen am Leib – dafür tragt ihr schöne bunte Kleider", fügt der Ausbilder mit grimmigem Humor dazu.

Landsknechte waren durch ihre außergewöhnliche Bekleidung nicht zu übersehen: bunte gepuffte und geschlitzte Hemden und Hosen, mehrfarbige Socken und als Krönung ein breitkrempiges Barett mit hohen Federn und Wollbündeln. Ein ungewohntes Bekleidungsstück bringt den schamhaften Georg zunächst zum Erröten: Ein besonderer Blickfang ist der auffällige Hosenlatz mit der Schamkapsel, den bald die Adeligen bis hinauf zum Kaiser übernehmen. Die eigenwillige Landsknechtstracht lässt einige Jahre später den Nürnberger Schuster Hans Sachs folgenden Zeilen dichten:

Wilder Leute hab ich nie gesehen /
ihre Kleider aus den wildesten Sitten /
zerflammt, zerhauen und zerschnitten …

Immer wieder sammeln sich die Jungsoldaten zum „Spitz", einem Stoßkeil nach Schweizer Vorbild. Es ist ein furchterregender Anblick, wenn ein Gewalthaufen voll grimmiger

Landsknechte im Kampf.

24

Krieger mit gesenkten Spießen über das weite Schlachtfeld rückt.

Für den Nahkampf erlernt Georg die Handhabung des Landsknechtsschwerts, genannt auch „Katzbalger", und des Bihänders, der grauenhafte Wunden verursachen kann. Er gewöhnt sich an das Donnern der Kanonen, einer zunehmend wichtigen Waffe. Übermüdet sinken die jungen Männer jeden Abend auf ihr Strohlager. Gemeinsam erduldete Mühsal vereint: Der Schwazer schließt Freundschaft mit Jaggei (Jakob) und Fritz, zwei

Selbst Kaiser Karl V. übernimmt „Details" der Landsknechtkleidung

Holzknechten aus Brandenberg, denen ihre Heimat auch zu eng geworden ist.

Manchmal, nach einem besonders anstrengenden Ausbildungstag, werden sie allerdings nachdenklich: „Eigentlich wäre es uns in Brandenberg gar nicht so schlecht gegangen, wir haben viel besser verdient als ein Bauernknecht. Unser Holz ist gefragt und so hat uns der bayerische Herzog schriftlich viele Rechte zugestanden. Von denen könnt ihr im Inntal draußen nur träumen." Und bei einer anderen Gelegenheit: „Du wirst es nicht glauben, aber wir dürfen Talfremde entweder fachen (fangen) oder sogar erschlagen, wenn's sein muss – und müssen keine Strafe fürchten".

Während ihrer Ausbildung machen Gerüchte über neue Auseinandersetzungen die Runde. Der ungarische König Matthias Corvinus liegt seit Jahrzehnten im Dauerstreit mit dem deutschen Kaiser Friedrich III. In Laufe der letzten Jahre hat der prachtliebende Ungar wertvolle Teile der habsburgischen Erbländer besetzt und sogar den Kaiser in der Burg von Wiener Neustadt belagert. Nun ist Matthias in Wien verstorben und die

König Matthias Corvinus von Ungarn, Gegner von Friedrich III.

Karten werden neu gemischt. Ein böser Krieg an der Ostgrenze Österreichs droht …

Landsknechte

Auf dem Inn und der Donau
Spätsommer 1490

Die drei Freunde wollen Maximilian an die Ostgrenze Österreichs folgen. Sie haben vernommen, der alte Haudegen Reichenburg würde die Truppen Habsburgs befehligen. Der hat einen guten Ruf unter den Kriegsvölkern.

Nach ihrer harten Ausbildung geht es zurück ins nördliche Tirol. In der alten Salzstadt Hall besteigen Georg und seine Kameraden die „Haller Plätten", flache Innschiffe, die bestens geeignet sind für die zahllosen Untiefen des ungezähmten Flusses. Trotzdem sind immer wieder kratzende Geräusche von der Unterseite der Schiffe zu vernehmen. „Das ist nicht zu verhindern", erklärt ein alter Schiffer den erschreckt aufhorchenden jungen Söldnern, „in Tirol ist der Inn unberechenbar! Wo bei der letzten Fahrt noch eine tiefe Fahrrinne war, kann sich inzwischen Schotter abgelagert haben. Auch neue Inseln können entstehen. So müssen wir immer auf der Hut sein und die Strömung beobachten."

Langsam zieht die Inntallandschaft vorbei, Heimweh beschleicht Georg beim Anblick der Abraumhalden vom Falkenstein und vom Erbstollen rund um Schwaz. Vom beherrschenden Hügel grüßt die Burg Freundsberg, deren ursprüngliche Besitzer Tirol verlassen haben. „Die wohnen jetzt draußen im Schwäbischen", weiß Georg als gebürtiger Schwazer zu berichten.

Die Brandenberger haben wässrige Augen, als sie die rauchenden Kohlenmeiler am Achenrain und dahinter den Eingang in ihr holzreiches Heimattal erblicken. Mit einem kräftigen Schluck Branntwein, angeboten von der freundlichen Marketenderin Gretl, bekämpfen die drei Unterländer das Heimweh und wenden sich umso eifriger dem Würfelspiel zu. Dabei kann man eher gewinnen als beim Bemühen um die Gunst der jungen Frau. Die zahllosen Annäherungsver-

Burg Freundsberg in Schwaz.

suche der Männer wehrt Gretl energisch ab. Manche wollen wissen, sie sei eine entlaufene Klosterfrau. Sie wäre nicht die Erste …

Nur bei Tageslicht wagen sich die Plätten in die Strömung, bei Dämmerung wird entweder eine Siedlung am Fluss angesteuert – bei Rattenberg ist das Anlegen ein „Muss" – oder ein geeigneter Rastplatz in einer Uferbucht aufgesucht. Dort vertäut man die Schiffe. Gespannt lauschen die Söldner den Erzählungen der Flussschiffer, die von der „Naufahrt" Inn abwärts und der „Hohenauffahrt" Inn aufwärts handeln: „Die Fahrt innaufwärts ist eine mühselige Angelegenheit; mindestens 35 Pferde ziehen die vier großen Frachtschiffe und Zusatzkähne; dazu ist eine vierzigköpfige Mannschaft erforderlich." Die jungen Krieger hören erstmals vom „Schiffsmeister", so werden die Transportunternehmer genannt, vom Schiffszugsleiter, dem „Sößtaler" und den untergebenen Schiffsleuten, den „Mehringern".

Sie sind beeindruckt bei der ausführlichen Schilderung der Schwierigkeiten, wenn der Weg der Zugpferde, genannt „Treidelweg" oder „Leinpfad", auf das andere Flussufer wechselt. Es ist ein aufwändiger Vorgang, bei dem es ohne Fluchen und Peitschengebrauch nicht abgeht. Georg Haller, der mehrfach mit seinem Vater in St. Gertraudi beim größten Markt des Unterlandes war, kann eigene Erinnerungen beisteuern: „Das ist eine wilde Plackerei, ich habe es gesehen. Beim Schloss Kropfsberg ist so eine Wechselstelle; wir sind gestern daran vorbeigefahren. Dort ist der Inn sehr seicht und der Ziehweg wechselt auf die andere Innseite. Beim Dorf Münster muss der gesamte Schiffszug samt Pferden über den Fluss."

Bevor man sich am verglimmenden Lagerfeuer zum Schlafen legt, erzählen die Innschiffer zum Tagesabschluss noch Gruselgeschichten: „Zur Nachtstunde sollte man den Fluss überhaupt meiden – nicht nur wegen der Untiefen. Bei Rattenberg wollte ein zwielichtiger Wirt nach Mitternacht auf

Beim Treideln

Beim Treideln in Rattenberg vor dem Kloster am Inn.

einer Zille über den Fluss und soll nur knapp den erzürnten Flussgeistern entkommen sein." Und ein anderer Mehringer ergänzt trotz der ungläubigen Mienen: „An gewissen Tagen, wenn bei Dämmerung Nebel am Inn heraufzieht, könnt ihr von Ferne Getrappel, Peitschenknallen, Kettengeklirr und Fluchen hören und vielleicht begegnet ihr dem Gespenster- schiffszug. Das sind die Seelen der ertrunkenen Schiffsleute, die ihren Frieden nicht finden können. Ob ihrs nun glaubt oder nicht …"

Die Berge machen einem gefälligen Voralpenland Platz, dort wo sich der Inn nach Kufstein ins Bayerische wendet. Bei Passau mündet der Inn, der inzwischen eine beachtliche Größe erreicht hat, in die Donau. Georg lernt während der Flussfahrt die Innschiffer als ein recht eigenwilliges Völk- chen kennen, dessen Bräuche nicht jedermanns Sache sind. Der Hl. Nikolaus ist ihr Schutzpatron und den brauchen sie auch dringend, denn die Wenigsten dieser Zunft können schwimmen. Unglücksraben, die ins Wasser fallen, werden nicht gerettet. „Gib dich drein!" wird dem Ertrinkenden zu- gerufen. Das widerfährt fast dem Brandenberger Jaggei, der

30

Ertrinkender im Strudengau, Seb. Münster, Cosmographey

im tosenden Strudengau unversehens ins Wasser der Donau stürzt und sich mit letzter Kraft an den Schiffsrand klammert. Keine helfende Hand der Mannschaft rührt sich, nur Georg, der den Unvorsichtigen schnell wieder an Deck zerrt. Ein anderer leichtsinniger Jungsoldat hat keinen Lebensretter und ertrinkt in den Wellen der Donau.

Die Schiffsleute hatten eindringlich vor dem gefürchteten Stromstück gewarnt und bei der Durchfahrt zur Vorsicht geraten. Sie erzählten von den gefährlichen Strudeln, die schon viele Menschen und manches Schiff verschlungen hätten. Der Strom hätte hier eine unergründliche Tiefe und „… was da hineyn fallt / bleibt drunden / und kompt nicht wider herfür."

Der Wirbel in der Donau

31

In der Nähe von Wien, das unlängst noch von den Ungarn besetzt war, sammeln sich die Kriegsvölker Maximilians. Erstmals sieht Georg den jungen Habsburger, der in seiner glänzenden Rüstung beeindruckt. „Maximilian ist noch nicht lange von Burgund zurück", erzählt ein narbenübersäter Steirer aus seinem Gefolge, „zunächst war er bei euch in Tirol; ihr hättet ihn in Innsbruck sehen können. Er ist schon Witwer; seine geliebte Maria soll bei einem Reitunfall auf tragische Weise ums Leben gekommen sein. Und dann hat er's nicht leicht gehabt mit seinen flämischen Untertanen. Die haben ihn sogar eine Zeitlang eingesperrt!".

Der 31-jährige Erzherzog hatte in Burgund langwierige und mörderische Kämpfe bestehen müssen, was ihm viel Kriegserfahrung brachte. Nun unterstützt er seinen zögerlichen Vater Friedrich III., der seit 1439 die römisch-deutsche Kaiserkrone trägt.

Friedrich III.

Vom alten Kaiser hören die jungen Krieger wenig Gutes. Seine schon lange verstorbene Frau Eleonore von Portugal hat ihren Entschluss, dem Werben des deutschen Kaisers zu folgen, sehr bald bereut. Die verwöhnte Königstochter – bei ihrer Vermählung erst 15 Jahre alt – aus dem sonnendurchfluteten Palast in Lissabon hatte sich ihr Leben als Kaiserin wohl ganz anders vorgestellt: in der kaiserlichen Residenz, der düsteren Burg von Wiener Neustadt, war „Schmalhans Küchenmeister" und ihr um einiges älterer Gemahl Friedrich III. war ein humorloser Geizhals. Tanzen würde der Kaiser geradezu hassen, berichtet ein alter Höfling, lieber wolle er Fieber bekommen, soll Friedrich geklagt haben. Sein Sohn Maximilian sei da ganz anders, der wäre seiner temperamentvollen Mutter nachgeraten.

Und noch etwas wird erzählt: von der Manie des alten Kaisers, überall die ge-

Kaiser Maximilian hoch zu Ross.

heimnisvolle Buchstabengruppe A.E.I.O.U. anzubringen. Die verschiedenen Erklärungen, was die Buchstaben eigentlich bedeuten könnten, interessiert die jungen Soldaten herzlich wenig, zumal die Wenigsten lesen können. Ihre Aufmerksamkeit gilt ganz den nächsten Ereignissen.

Es ist zwar nur ein kurzer Feldzug im Herbst 1490, in dem Maximilian die Schwäche der Ungarn nach dem Tod ihres Königs nutzt, aber nicht weniger grausam. Eine Gruppe zuchtloser Söldner des verstorbenen Matthias Corvinus, die gefürchtete „Schwarze Schar", verbreitet Angst und Schrecken im nebelverhangenen Grenzgebiet Österreich – Ungarn. Mit Schaudern wird Georg bis an sein Lebensende an die überraschende Attacke der Ungarn auf den herbstlichen Feldern in der Nähe der Wiener Neustädter Burg zurückdenken. Plötzlich war die Schwarze Schar aus dem Nebel aufgetaucht. Mit Todesverachtung ritten die Ungarn gegen die lanzenstarrenden Fähnlein der Kriegsknechte an. „Haltet stand, meine Kinder!", feuert der alte Reinprecht von Reichenberg in voller Rüstung die jungen Söldner an und schwingt seinen Bihänder, „die Steppenteufel sollen nicht durchkommen!" Im Kampfgetümmel kommt Georg unter die Hufe eines ungarischen Pferdes, nur unvollkommen vermag er einen Schwerthieb abzuwehren und erleidet eine klaffende Wunde. Nun rächt sich die fehlende Panzerung. Benommen und blutüberströmt liegt er am Boden, Kameraden ziehen ihn aus der Kampflinie. Er überlebt die schwere Verwundung, übersteht den gefürchteten Wundbrand. Die aufopfernde Pflege in einem Frauenkloster nahe Wien wird er zeitlebens in dankbarer Erinnerung behalten – und überrascht erkennen, dass seine Erlebnisse ähnlich den Erzählungen des Zillertaler Veteranen Hansal waren.

Seine Genesungszeit nützt Georg auf unübliche Weise: Der Beichtvater der barmherzigen Nonnen, ein gelehrter Mönch namens Ambrosius, ist bereit, gegen entsprechende Entlohnung, versteht sich, ihn Lesen, Schreiben und sogar einige Brocken Latein zu lehren. Das ist eine absolute Ausnahme in

Klosterfrauen

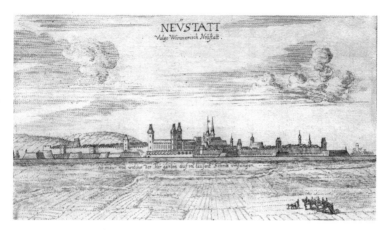

Wiener Neustadt

Zeiten, in denen nur der Klerus, einige Kaufleute und nicht einmal alle Adeligen diese Fähigkeiten besitzen.

Die zwei Holzknechte aus Brandenberg verlässt bald das Soldatenglück. Sie werden die weitläufigen Wälder ihres Heimattales nicht wiedersehen. Beide fallen bei den gnadenlosen Straßenkämpfen, als die Kaiserlichen die ungarische Festung Stuhlweißenburg erobern. Diese Art des heimtückischen Kampfes hatte man Jaggei und Fritz auf den Feldern bei Glurns nicht beigebracht.

Die bösen Erfahrungen haben Georg gründlich von seiner Abenteuerlust geheilt. Halbwegs genesen ergreift er die erste Gelegenheit zur Heimkehr, auf abenteuerlichen Wegen kommt er zurück in seine gebirgige Heimat.

Holzfäller

Bergwerksbetrieb

Ein gefragter Fachmann
Bergrevier Rattenberg, 1492 bis 1500

Er hat sein Handwerk als geschickter Grubenzimmerer nicht verlernt, im Bergrevier Rattenberg erhält er ein gutes Angebot. Dort ist man um jeden zusätzlichen Fachmann froh, wenn er auch einem anderen Landesherrn untersteht. Sein Vorgänger ist unlängst zu Tode gekommen, er wurde am Abbau „Geyer" das Opfer von „Schlagenden Wettern", einem in Bergwerken gefürchteten Unglücksfall. Georg, obwohl noch jung, beeindruckt durch seinen Sachverstand und Fleiß und bald wird er ein geachtetes Mitglied der Bergverwandten. Grubenzimmerer, höchst notwendig für die Sicherung der oft brüchigen Stollen der Bergbaureviere, sind begehrte Fachkräfte in dieser aufstrebenden Bergwerkszeit.

Obwohl die Gesteinsverhältnisse im Berggericht Rattenberg weniger Abstützung erfordern als im Schwazer Revier, sind die Grubenzimmerer unentbehrlich. Sie wissen um ihren Wert, verdienen gut und sind in einer eigenen „Bruderschaft" vereint. Georg hat die alten, in Rattenberg lagernden, Urkunden lesen können, in denen die Mitglieder angeführt und Aufgaben dieser Genossenschaft festgelegt sind: Unterstützung bei der gefahrvollen Arbeit, Hilfe bei Unglücksfällen für den Bergmann und seine Familie, religiöse Pflichten wie Gottesdienste zu festgelegten Zeiten und ein geringer Mitgliedsbeitrag von drei Kreuzern.

Das schnell verdiente Geld sitzt vielen Bergverwandten locker in der Tasche. Die Wirte in Rattenberg und Gai – in Brixlegg ist noch keine Gaststätte erlaubt – reiben sich zufrieden die Hände. Georg zählt zu den wenigen Sparsamen und meidet die lärmenden Gaststätten. Auch die als „Wanderhuren" tätigen leichten Mädchen, die von „ertragreichen Jagdgebieten" angezogen werden, vermögen ihn trotz ihres aufreizenden Benehmens nur wenig zu reizen. Einige Erlebnisse auf den Feldern bei Glurns und in schmuddeligen Gasthöfen bei Wiener Neustadt sind ihm in schlechter Erinnerung. Aber er ist jung, nicht aus Stein und die Sünde lauert allerorten. Trifft sich irgendwo eine fröhliche Runde von Bergverwandten, sind die Mädchen in ihrer auffallend bunten Kleidung nicht weit. Die Knappen genießen das Leben und ein Sprichwort macht die Runde:

Wer nicht liebt Wein, Weib, Gesang,
bleibt ein Narr sein Leben lang!

Eines schönen Sommerabends wird Georg neben einem abgelegenen Heustadel angesprochen: „Györböl Sza'rmazom. Egy menekült Vagytok" Er erblickt eine aufreizende Unbekannte, die ihn verheißungsvoll anlächelt. Eine Ungarin in Tirol? Während der Kämpfe an der Ostgrenze hat sich der Tiroler einige Brocken Ungarisch angeeignet und glaubt zu verstehen, dass das Mädchen ihm seine Herkunft aus Györ, zu deutsch Raab, erklären will und dass sie vor der Kriegsfurie geflohen sei: „Szörnyü harcok folytak Magyarorsza'gon" (in Ungarn waren schreckliche Kämpfe). Georg, beschwingt von einigen Humpen Bier, sticht der Hafer und er tritt fragend näher. Das Mädchen wechselt die Sprache „Bin die Erzsébet aus dem Ungarland. Akarsz velem aludni? Mach' dir heiße Zeit für drei Kreuzer!" girrt die Schöne und stößt zunächst auf Ablehnung:

„Drei Kreuzer, bist du verrückt, da muss bei uns ein Holzknecht eine Woche arbeiten." Aber die Ungarin geizt nicht mit ihren Reizen, langsam zieht sie ihren bunten Rock nach oben und enthüllt ein dunkles Dreieck zwischen weißen Schenkeln. Da schmelzen Georgs gute Vorsätze dahin und er genießt die Liebeskünste der Magyarin. Aber - die vergnügliche Stunde mit der temperamentvollen Erzsébet soll eine Ausnahme bleiben, beschließt ein

entspannter Georg beim Heimweg. Das Mädchen hätte ihn gerne wiedergesehen, „Tala'lkozhatunk ùjra?" fragt es fast flehentlich, aber er hat andere Lebenspläne und bleibt sparsam. Bald ist er in der Lage, von der Witwe seines Vorgängers ein kleines Gut an der Straße nach Schloss Matzen zu erwerben.

Lustiges Knappenleben (Bild im Tiroler Bergbaumuseum).

Das solide Haus ist jüngeren Datums, ein kleiner Stall hat Platz für eine Kuh und gackernde Hühner. Es ist eines von den „Knappenhäusln", die im Bergrevier Rattenberg in großer Zahl entstehen – und teilweise die Jahrhunderte überdauern. Aber noch ist Georg nicht zufrieden, Arbeit ist nicht alles, der neue Hausbesitzer ist des Alleinseins leid. Er hält Ausschau nach einer ständigen Lebensgefährtin und hat Glück …

Das „Kendlerhäusl" an der Straße nach Matzen.

Eine eigenwillige Bauerntochter
Sommer 1496

Am uralten Bauernhof Oberkienberg, oberhalb von Brixlegg, ist als dritte Tochter eine junge Frau namens Anna aufgewachsen. Das auffallend hübsche Mädchen hat sich zu einer ungewohnt selbstbewussten und kritischen jungen Frau entwickelt, die ihre eigenen Vorstellungen bezüglich ihres weiteren Lebens hat. Schon früh hat sie beschlossen, ihre Hand lieber einem gutverdienenden Knappen zu reichen. Das ist verständlich, denn die Möglichkeiten sind sehr beschränkt für die jungen Frauen aus bäuerlicher Umgebung. Ihr einfacher Lebensweg ist schon vorgezeichnet: Wenn keine günstige Heirat in Aussicht ist, sind die Alternativen mager: ein Dasein als Magd oder als niedere Bedienstete in Reith, Brixlegg oder Rattenberg. An Schulbildung ist nicht zu denken, es sei denn, das Mädchen entschließt sich zum Eintritt in das nahe Kloster der Dominikanerinnen in Mariatal.

Viel besser ergeht es den weichenden Söhnen der kinderreichen Bauernfamilien auch nicht. Etwas vielfältiger ist das Angebot: manche finden Arbeit in den Bergwerken, andere

Kloster Mariatal am Eingang zum Brandenbergtal.

41

erlernen bei einem Meister ein Handwerk. Die Bergbauzeit ist auch für die Handwerker eine „goldene Zeit" und viele Arbeitskräfte werden gesucht. Allerdings unterliegen die Handwerker strengen, von Rattenberg vorgegebenen Regeln und können sich nicht überall ansiedeln, da hat das Stadtl ein Wort mitzureden. Die dadurch bei ihren Nachbarn nur mäßig beliebten Rattenberger bestimmen sogar, wie viele Arbeitskräfte ein Meister beschäftigen darf.

So greifen viele junge Männer lieber zum Handgeld der Werber für verschiedene Kriegsherren. Die Zeit ist reich an kleineren und größeren Konflikten, besonders in Italien. Wie Georg Haller verpflichten sie sich für einige Jahre als Landsknecht, hoffen auf reiche Beute und vor allem, zu überleben.

Die Eltern Annas ahnen bald die Lebenspläne ihrer zweiten Tochter und sind geteilter Meinung. Vater Friedrich Burglechner ist ein gutmütiger Bauer und rackert sich für seine große Familie ab. Zwei Kinder, die das erste Lebensjahr nicht erreicht haben, ruhen schon am Friedhof von Reith. Nur ein Junge, der aufgeweckte Florian, ist noch am Leben. Bei der Geburt der kleinen Maria, der nur vier Lebenstage vergönnt waren, verstarb auch seine erste Frau Gertrud. Der Tod ist in diesen Jahren häufig ein düsterer Gast im Kindbett und bei den Wöchnerinnen. So ist es üblich, sofort oder spätestens am folgenden Tag zu taufen. Ungetauften Kindern ist der Platz in geweihter Erde am Friedhof verwehrt.

Der Oberkienberger hat sich mit der bisherigen Ordnung abgefunden, obwohl sein Bauernhof dem fernen Benediktinerstift St. Peter in Salzburg lästige Abgaben zu leisten hat. Penibel ist im Rattenberger „Salbuch" verzeichnet, was jährlich abzuliefern ist: eine beträchtliche Menge Roggen, 2 Schafe, 6 Hühner und 60 Eier.

Besorgt versucht er ein klärendes Gespräch mit seiner aufmüpfigen Tochter. Er kennt inzwischen ihren Starrsinn zur Genüge, aber eine gemütliche Stimmung nach Abschluss

Rattenberg (Schwazer Bergbuch von 1556, TLMF)

der Heuernte kann vielleicht manches verändern. Die Sonne sinkt langsam über dem Sonnwendjoch, ein Arbeitstag geht zur Neige. Ein vorsichtiger Seitenblick zeigt eine entspannt im Gras liegende Tochter, die gut gelaunt an einem Grashalm kaut und den Kater streichelt. Zufrieden schnurrend schmiegt sich das gefleckte Tier an das Mädchen.

Unter einem ausladenden Apfelbaum ergreift der Vater die vermeintlich günstige Gelegenheit: „Anna, du bist jetzt schon 16 Jahre und …" Zu mehr ist er nicht in der Lage, der beabsichtigte Hinweis auf einen heiratslustigen Nachbarn kommt nicht mehr über die Lippen. Die heiteren Züge seiner Tochter verhärten sich schnell: „Du brauchst gar nicht weiterreden, Vater! Ich werde nicht so leben wie meine Schwestern." Die Ältere namens Margreth hatte den biederen Lienhard vom Nachbarhof „Daxer" geheiratet und starb schon bei der ersten Geburt. Es war eine gefährliche Entbindung mitten im tiefsten Winter gewesen, die Hebamme von Reith erreichte den hoch gelegenen Hof zu spät. Auch das zu früh geborene Kind war nicht zu retten.

Lisbeth, die Jüngere, drängte man gegen ihren Willen ins Kloster Mariatal zu den Dominikanerinnen, wo sie zwar von der Gefahr des Todes im Wochenbett verschont blieb, aber trotzdem zutiefst unglücklich wurde. Schon allein die beengte Lage hatte die an die weite Aussicht auf das breite Inntal ge-

43

wohnte junge Frau bedrückt, auch konnte sie sich nur schwer in das Klosterleben einfügen. Dazu spürte sie bald, dass hinter der frommen Fassade durchaus weltliche Strömungen die jungen Mitschwestern beherrschten.

Den Eltern Annas sind die Versuche von Bauernburschen der Nachbarhöfe nicht entgangen, die zu nächtlicher Stunde wie ortsüblich eine Annäherung versuchten. Das schlanke Mädchen mit den feinen Gesichtszügen ist in der Männerwelt nicht unbemerkt geblieben. Besonders Jungbauer Christoph vom Hof „Lehen" war hartnäckig, sein mehrfaches Klopfen an das Fenster von Annas Schlafkammer blieb erfolglos. Den Eltern wäre der freundliche Junge als Schwiegersohn sehr recht gewesen, aber sie hofften vergebens. Inzwischen hat der Vater auch eine Erklärung für Annas abweisendes Verhalten: Dem Burglechner kam zu Ohren, seine eigenwillige Tochter hätte einen Grubenzimmerer namens Georg am Markt in Rattenberg getroffen. Die Bäuerin vom Nachbarhof „Daxer" war zufällig Augenzeugin: „Die Anna hat Rast gemacht am Ufer beim oberen Stadttor und hat die Innschiffe betrachtet, die hier anlegen müssen. Rattenberg ist Zollstelle für alle Schiffe, die aus Tirol kommen. Georg hat eure Tochter angesprochen und ihr von seiner Innschifffahrt erzählt, was ich so gehört habe." Bei einer gemeinsamen Jause am Flussufer sollen sich die jungen Leute dann nähergekommen sein. Das wissbegierige Bauernmädchen war sofort fasziniert von Georg, der von seiner aufregenden Zeit auf dem Fluss und im „Herzogtum unter der Enns" erzählte. Erzherzog Maximilian war es gelungen, beträchtliche Gebiete um Wiener Neustadt und Bruck an der Mur für das Haus Habsburg zurück zu erobern, während sein Vater, Kaiser Friedrich III., wieder einmal in Untätigkeit verharrte. Nicht umsonst hatte er von seinen unzufriedenen Untertanen den Beinamen „des Heiligen Römischen Reichs Erzschlafmütze" bekommen.

Davon weiß der biedere Bauer vom Hof Oberkienberg

nichts, seine Sorgen sind viel schlichter. Aber der Vater vermag nichts gegen den eisernen Willen seiner Tochter auszurichten, zumal sie von ihrer Stiefmutter nachdrücklich unterstützt wird. Und so sagt er seufzend Ja zur Vermählung. Diese wird am Pfingstsonntag 1493 in der Kirche „Zu den 12 Aposteln", im Volk auch als „12 Boten-Kirche" bekannt, in Mehrn gefeiert.

Dazu war aber die Erlaubnis des Kirchherrn erforderlich. Der ist aber zumeist in Regensburg und selten in Reith anzutreffen. In seiner Vertretung hat mit säuerlicher Miene der Vikar von Reith, dem die Kirche untersteht, seine Zustimmung gegeben – gegen entsprechende Bezahlung, versteht sich. Säuerliche Miene deshalb, weil ein uralter Streit zwischen dem Augustinerkloster von Rattenberg und der Großpfarre Reith immer wieder aufflammt, wer kirchlich für Brixlegg und Mehrn zuständig ist – und die Gelder erhält.

Der betagte Augustinermönch Joachim feiert die Messe, seine anschließende langatmige Predigt vernehmen viele der Anwesenden nur mit halbem Ohr. Lieber lauschen sie dem Plätschern einer Quelle, die auf der Rückseite des Hochaltars austritt. Viele der Kirchenbesucher kommen außerhalb der seltenen Gottesdienste nur wegen des Wässerchens, das im Volk als „Nothelfer-Wasser" bekannt ist. Es hat weitum den Ruf, besondere Heilkraft zu besitzen. So wird es gerne getrunken, abgefüllt oder

Die „12 Boten Kirche" in Mehrn

Augustinerkloster Rattenberg

auch im benachbarten Badehaus genutzt. Hier erholen sich
die Bergleute von den Anstrengungen ihres Berufs, nicht selten auf höchst unziemliche Weise. Auch während der Trau-
ung sind von Ferne gedämpftes Lachen und der Klang einer
Laute zu vernehmen, viele Anwesende werfen sich beredte
Blicke zu.

Die jungen Leute sind glücklich und lieben sich sogar, ein
eher seltener Zustand in den damaligen Ehen. Aber es ist
eine der zahlreichen Vermählungen, die Verbitterung und
Feindschaft bei den Bauernburschen erregen. Diese können
den jungen Frauen nicht den bescheidenen Wohlstand der
Bergverwandten bieten. Allerdings ist der oft sehr kurzfristig,
denn die Lebenserwartung der Knappen ist äußerst gering.

Der Gegensatz zwischen dem bäuerlich geprägten Zimmermoos und dem frühindustriell-gewerblichen Brixlegg wird
noch lange spürbar bleiben. Die Zimmermooser Bauern
bleiben vom kirchlichen Leben Brixleggs ausgeschlossen und
legen auch keinen Wert darauf. Noch fast dreihundert Jahre
später werden sie dringend ersuchen, bei ihrer Stammpfarre
Reith bleiben zu dürfen.

3. GEBIRGSLAND IM UMBRUCH

Jugend im Landgericht Rattenberg
1500-1520

Am 10. November 1500 tut an einem frostigen Herbsttag ein kräftiger Bub seinen ersten Schrei. Wegen der hohen Kindersterblichkeit ist es üblich, schon am nächsten Tag zu taufen, damaligem Brauch zufolge erwählt man den Namen des Tagesheiligen, es ist der Hl. Martin von Tours. Es ist nicht das erste Kind der Knappenfamilie Haller, ein älterer Bruder ist bereits verstorben und ruht auf dem Friedhof zu Reith, zwei jüngere Schwestern werden überleben. Der kleine Martin ahnt nicht, dass er als junger Mann wegen seines Geburtstages und Namens in katholischen Landen Ziel hämischer Bemerkungen und Sticheleien werden wird. Auch der „verfluchte Ketzer" Dr. Luther heißt Martin und hat ebenfalls am 10. November Geburtstag. Für lange Zeit wird dieser Vorname selten in den Taufregistern katholischer Kirchen aufscheinen.

Martins Mutter hat ein wachsames Auge auf ihrem jüngsten Spross, dem ein außergewöhnliches Leben vorhergesagt wurde. Das geschah am Beginn ihrer Schwangerschaft, als sie ihren Gemahl zum „Gairer Markt" in St. Gertraudi begleitete. Der weitum größte Markt im Dreiländereck beginnt seit alters her am 17. März, dem Festtag der Hl. Gertraud, und wird mit Böllerschüssen von den Wällen der Burg Kropfsberg eingeleitet. Vierzehn Tage lang herrscht auf den Feldern am Fuße der Burg ein buntes Treiben und Volksfeststimmung. Bauern mit ihrem Vieh kommen aus Nah und Fern, an unzähligen Buden werden begehrte Waren angeboten. Zillertaler Wanderhändler mit ihrer Rückenkraxe machen sich lautstark bemerkbar, selbst aus dem fernen Grödental sind Holzschnitzer mit ihren Kunstwerken angereist.

Zweifelhafte Wundärzte ziehen schmerzhafte Zähne, Gaukler erfreuen die Menge mit ihren Kunststücken. Auch „Hübschlerinnen", so die gängige Bezeichnung für leichte Damen, erkennbar an ihrer auffallend bunten Kleidung, finden ihre Kundschaft. Für das Straßendorf am Geyerbach ist die Verköstigung der zusammengeströmten Menschenmassen eine große Herausforderung, die Tavernenwirte reiben sich zufrieden die Hände. Es kann noch sehr kalt sein im März und die Marktbesucher sind um eine warme Einkehrmöglichkeit froh. Für Ordnung sorgt das Marktgericht und für Unruhestifter steht in der Tuchhütte ein Kotter bereit.

Anna Hallers Neugier gilt aber nicht den geschäftigen Händlern, für die sie kaum einen Blick verschwendet. Trotz der widerwilligen Miene ihres Gemahls nähert sie sich zielstrebig einem schäbigen Zelt, dort kauert eine uralte Zigeunerin, von ihrer Sippe als Meisterin der Zukunftsdeutung angepriesen. Das fahrende Volk ist nicht zum ersten Mal im Inntal unterwegs – wachsam beäugt von den Einheimischen.

Der Markt in St. Gertraudi (TLMF)

48

Georg ist klug genug, auf einen Einwand zu verzichten, er kennt inzwischen die Willensstärke seiner Frau. Die Schwangere lässt sich die Zukunft ihres Kindes im Mutterleib deuten. Zunächst muss bezahlt werden, dann macht sich die Seherin murmelnd ans Werk. Bald stutzt sie, überrascht weiten sich ihre dunklen Augen, denn die Karten künden Außergewöhnliches: „Ein wechselvolles Leben ist

Herzog Sigismund der Münzreiche

deinem Buben beschieden", sagt Esmeralda und weiß noch mehr: „Er wird mehrfach knapp dem Tode entrinnen, Unglaubliches erleben und viel in der Welt herumkommen. Eine Frau wird ihm die Treue halten und erst spät kann er seinen Frieden finden." Martin wird sich Zeit seines Lebens an die Erzählung seiner Mutter erinnern.

Denn nicht nur sein Leben wird einer stetigen Veränderung unterliegen, es ist ein Spiegelbild der großen Veränderungen seiner Zeit: Es ist eine Zeit des Umbruchs, in der Martin aufwächst. Es gärt in der verunsicherten Bevölkerung. Die mittelalterliche Gesellschaftsordnung wird zunehmend brüchig, dazu gesellen sich politische Konflikte. Nicht weit entfernt von seinem Elternhaus, im „Dreiländer-Eck", an den Grenzen des Burgfriedens Kropfsberg, begegnen sich die Herrschaftsgebiete des Fürsterzbistums Salzburg, der Gefürsteten Grafschaft Tirol und des Kurfürstentums Bayern.

In Tirol herrscht seit 1490 der Habsburger Maximilian als Nachfolger seines Onkels Sigismund, genannt „der Münzreiche". Der leichtlebige Graf, der die Reichtümer Tirols weidlich nutzte, ist in seinen zwei Ehen kinderlos geblieben.

Aber nur in seinen Ehen, denn die Vermutungen seiner Untertanen gehen von weit über vierzig unehelichen Kindern aus. Die hat er aber alle, wie man hört, bestens versorgt.

Im Inntal sind die selbstwussten Knappen zwischen Schwaz und Rattenberg, ob nun bayerisch ab dem Geyerbach, oder tirolisch ab dem Ziller innaufwärts als aufmüpfige Gruppe der Schrecken der jeweiligen Obrigkeit. Die Bergverwandten sind sich ihrer Wichtigkeit durchaus bewusst, ihre Forderungen, unterstützt von radikalen Streikdrohungen, werden von den Behörden weitgehend erfüllt.

In den Kindheitstagen Martins zeichnet sich in Bayern, zu dem die Landgerichte Rattenberg, Kufstein und Kitzbühel gehören, ein schwerer Konflikt zwischen den verfeindeten Familienzweigen der Wittelsbacher ab.

Im nahen geistlichen Fürstentum Salzburg stöhnen die Bauern unter den Belastungen des unbarmherzigen Feudalsystems. Das rechtsufrige Zillertal ist bereits salzburgisch, Verwaltungszentrum ist die gut befestigte Burg Kropfsberg am Inn. Noch fehlt der Funke, der das soziale Pulverfass zur Explosion bringen wird.

Schloss und Festung Kropfsberg

Neuer Landesherr, neue Kirche
Tiroler Unterland 1504-1512

Georg Haller, als gefragter Facharbeiter sich seines Wertes wohl bewusst, hat eine führende Stellung in der Bruderschaft der Grubenzimmerer errungen. Er zählt zu den Wenigen, die Lesen und Schreiben können: er liest aufmerksam die neuartigen Flugzettel, die seit der Erfindung der Druckkunst im Lande kursieren. Diese neue Art der Nachrichtenübermittlung trägt entscheidend zum Erfolg der Reformation bei und schürt auch die aufrührerische Stimmung in der Bevölkerung. So zählt er immer zu den Ersten, die Neuigkeiten erfahren, und die teilt er auch seiner Familie mit. Beim Abendessen an einem Herbsttag des Jahres 1504 kommt das Gespräch auf die Entwicklungen der letzten Wochen: „Es hat Krieg gegeben in Bayern draußen zwischen den Familienzweigen der Wittelsbacher. Trotz der engen Verwandtschaft haben sich die hohen Herren recht ordentlich bekriegt und viele Landstriche sind schon schrecklich verwüstet worden. Hoffentlich bleibt der Krieg weit weg von uns ...", erzählt der rechtschaffen müde Familienvater, und weiß noch mehr: „Der Habsburger Maximilian unterstützt seinen Schwager Herzog Albrecht in München. Der ist mit seiner Schwester Kunigunde verheiratet."

Und zwei Wochen später: „Ich habe gestern auf der Innbruggn auf eine Holzlieferung aus Brandenberg gewartet, da zogen Flöße vorbei, beladen mit gewaltigen Kanonen. Die dürften vom Innsbrucker Zeughaus kommen. Ich habe noch nie so große Stücke gesehen. Die Leute sagen, Maximilian will sie gegen Kufstein einsetzen."

Und angesichts der fragenden Blicke seiner Familie erklärt er: „Maximilian vom Haus Österreich ist jetzt unser neuer Landesherr. Aber der Kufsteiner Pfleger Hans von Pienzenau hält nun wieder zu den Pfälzern, das ist der andere Zweig der

Belagerung Kufsteins

Wittelsbacher. Mir wurde erzählt, er sei nicht bereit Maximilian Stadt und Festung zu übergeben, obwohl er ihm schon die Treue geschworen hat. Ich bin gespannt, was der erzürnte Habsburger mit der Belagerung ausrichten kann. Die bisher eingesetzten Kanonen haben den starken Mauern der Festung nichts anhaben können. Der Pienzenau, so hört man, soll einen jungen Knappen auf das Gemäuer geschickt haben, um dieses mit einem Besen abzukehren und so Maximilian zu verhöhnen. Ob das gut geht …?"

Es geht nicht gut aus für die Kufsteiner Burgbesatzung, eine Welle des Entsetzens durchläuft das Unterland. Den mächtigen Kanonen mit den Namen „Purlepaus" und „Weckauf von Österreich", geholt aus dem Zeughaus in Innsbruck, sind die Wälle der Festung nicht gewachsen.

Der in seinem Zorn oft maßlose Habsburger befiehlt ein grausames Strafgericht: „Er wollte", berichtet ein erschütterter Georg Haller seiner atemlos lauschenden Familie, „wie er es wutentbrannt angekündigt hat, die gesamte Burgbesatzung, beginnend mit Hans von Pienzenau köpfen lassen. Pienzenau hat zuvor noch kaltblütig ein Glas Johanniswein geleert und dann den Schwerttod tapfer ertragen, danach 17 seiner Kameraden.

Das Blutgericht von Kufstein

Dann aber hat der Profos einen erst 14-jährigen Edelknaben zur Richtstätte gerufen und das war mehr, als die umstehenden sonst hartgesottenen Krieger ertragen wollten. Was die Leute auch erzählen: Trotz der Drohung Maximilians, er würde jedem eine Maulschelle verpassen, der sein Strafgericht behindern würde, wagte der Herzog von Braunschweig die Bitte um Schonung der restlichen Besatzung."

Und der Vater weiß noch mehr: „In Rattenberg hat sich auch einiges getan: Dort gab' s viele Gegner Maximilians, besonders den Burghauptmann Christoph Layming. Eine habsburgtreue Abteilung unter Kaspar von Laubenberg hat daraufhin die Stadt besetzt und fast wäre es zu Kämpfen gekommen. Auch sollen sich in der Nähe, im Maukenwald, widerspenstige Bauern zusammengerottet haben. Großmäulig haben die verkündet, sich dem Habsburger nicht ergeben zu wollen, sie wollten bei Bayern bleiben. Als sie aber vom blutigen Strafgericht hörten, wurden sie schnell anderen Sinnes. Im Herbst soll ein Abgesandter Maximilians oder sogar er selber kommen, dem werden sie dann die Treue schwören."

Im Mai 1508, es ist der dritte Mittwoch nach Ostern, darf der fast achtjährige Martin seinen Vater zum feierlichen Baubeginn der großen Kirche in Brixlegg begleiten. Sie wird dem Hl. Josef geweiht werden und nur den Bergverwandten vorbehalten sein. Manche wollen wissen, dass Maximilian, der im Februar im Dom zu Trient zum „Erwählten Römischen Kaiser" ausgerufen wurde, den Anstoß für den Bau gegeben hätte. Viele halten das für glaubhaft, denn man weiß, der neue Landesherr hat größtes Interesse, sich die Knappen seiner neu erworbenen Gebiete gewogen zu halten.

Noch ist das Silber Tirols, besonders aus dem Bergbaugebiet Schwaz-Rattenberg, enorm wichtig für die politischen Pläne des Habsburgers. Viele Bergwerke sind der reichen Kaufmannsfamilie Fugger in Augsburg verpfändet und die ist entsprechend unbeliebt. Aber bald wird das Haus Habsburg das billigere Silber Südamerikas nützen können.

Strahlender Sonnenschein begünstigt die Feldmesse auf dem geplanten Bauplatz, Weihrauchschwaden und ein Knabenchor aus Rattenberg prägen die aufwändige Liturgie. Fromme Motetten erklingen, begleitet von Fideln, Blockflöten und Schlagwerk. Staunend sieht Martin die Pracht kirchlicher Würdenträger, angeführt von Andreas von Trautmannsdorf,

Domherr von Salzburg. Der ist eigentlich als Pfarrherr für Reith zuständig, lässt sich aber zumeist durch einen Vikar vertreten.

Rechts neben dem Altar stehen im schwarzen Habit Prior Dr. Augustus von Regensburg und auffällig wenige Mitbrüder vom Augustiner-Eremitenkloster in Rattenberg. Einige Bergverwandte wissen den Grund: im Augustinerkloster ist es vor einiger Zeit wegen einer kritischen Predigt ihres Mitbruders Caspar zu einem heftigen Streit gekommen. Sogar der Stadtrat musste beschwichtigend eingreifen, ganz haben sich die Wogen aber noch nicht geglättet.

Auch von einem eigenwilligen Pater namens Jakob Schrott erzählt man sich, einem Neuzugang, der immer wieder für Unruhe in der Klostergemeinschaft sorgen soll. Neugierige recken ihre Hälse, der Besagte ist aber nicht zu sehen.

Auf der linken Seite sind die weißgekleideten Dominikanerinnen von Mariatal zu erblicken. Die unlängst gewählte Priorin Veronika Högl wird von ihrer Subpriorin Christina Fueger und einer beachtlichen Anzahl von Schwestern begleitet. Die sind sichtlich froh, aus der Enge ihres Klosters wieder einmal auf die andere Innseite zu kommen. Eine ältere Schwester winkt verstohlen Martin und seinem Vater zu. Es ist Sr. Gertrudis, die Tante Martins. Vor ihrem unfreiwilligen Eintritt ins Kloster ist sie als Lisbeth Burglechnerin am Hof Oberkienberg in Zimmermoos aufgewachsen.

Peter Kastner, der überhebliche Vikar in Reith, hält augenfällig Abstand von der Rattenberger Geistlichkeit, sein gespanntes Verhältnis zu den Augustinern ist allgemein bekannt. So sind die bösen Blicke, die zwischen Rattenberg und Reith gewechselt werden, für viele keine Überraschung.

Der Reither Vikar fühlt sich Rattenberg weit überlegen und zeigt es auch. Zwar hat das Stadtl mit seinen etwa 750 Einwohnern das vergleichsweise kleine Bauerndorf in der wirtschaftlichen Entwicklung und Bevölkerungszahl schon lange

Rattenberg mit Stadtpfarrkirche (Schwazer Bergbuch von 1556).

überholt. Trotzdem: Die alte Urpfarre Reith ist seit Menschengedenken das geistige Zentrum für viele Kirchen im Alpbachtal, dem Inntal und der Wildschönau. Dazu soll es Urkunden geben, die besagen, dass die Reither Dekanatskirche direkt dem „Stuhl in Rom", also dem Heiligen Vater, unterstellt ist.

Auch sonst ist es mit der Harmonie in der christlichen Gemeinde nicht gut bestellt. Die Dominikanerinnen verteidigen energisch ihre Privilegien, darunter auch das Beherbergungsrecht. Obwohl zum Unterschied zu Rattenberg nicht an der Durchgangsstraße gelegen, bevorzugen viele Reisende das Kloster an der Ache mit den mehr als gastfreundlichen Frauen, was wiederum den Augustinern äußerst missfällt.

Nach dem Schlusssegen und dem „Ite, missa est!" stellt der stolze Vater seinen Sohn Martin dem einflussreichen Verwalter des landesfürstlichen Schmelzwerkes vor. Antonius Rumel von Lichtenau wird den Kirchenbau in den nächsten Jahren kräftig unterstützen, auch die ersten zwei Glocken sind aus der Werkskasse bezahlt. Weiteres Geld fließt durch die zahlreichen Sündenablässe und die Spenden der Bergverwandten. Als Baumeister konnte der allseits bekannte Jörg Steyrer gewonnen werden. Die Bergverwandten hatten einen guten Griff getan: Der aus dem benachbarten Reith stammende Meister Steyrer ist geachtetes Mitglied der Hagauer Bauhütte und hat sein Können schon bei einigen Kirchen Tirols gezeigt. Zwei Jahre zuvor hat er im Frühjahr 1506 die große Rattenberger Stadtpfarrkirche vollendet, anschließend gelang ihm mit der schlanken St. Leonhardskirche bei Kundl ein Meisterwerk. Aber auch begabte Menschen haben ihre Schwächen …

Über die weiß Martins Vaters einen lustigen Schwank zu berichten: „Habt ihr's bereits gehört? Der Steyrer ist schon immer ein aufbrausender Gesell gewesen, ein Schreihals und auch gleich einmal beim Raufen, aber jetzt hat er sich lächerlich gemacht. Mit seinem Nachbarn Jörg Kueffer hat er sich um Sch.... gestritten. Sein Abort an der Stadtmauer von Rattenberg hat den Kueffer belästigt, der wollte sich nicht dauernd den Hintern vom Steyrer anschauen. Gütlich war

St. Leonhard bei Kundl

der Streit nicht beizulegen. Jetzt hat der Bürgermeister die Verlegung der unschicklichen Anlage angeordnet, was dem Steyrer überhaupt nicht schmeckte!". Martins Mutter blickt erheitert von ihrer Näharbeit auf: „Man sollte dem zornigen Herrn Baumeister mehr Fisch und Gurken vorsetzen, das soll beruhigend wirken".

Kirchenbau

Schüler und Beschützer
Brixlegg und Reith um 1512

Schon seit einigen Jahren erfreut der heranwachsende Martin seinen Vater als geschickter Lehrling in den Stollen des Rattenberger Bergreviers. Neben der harten Ausbildung hat Georg Haller noch weitere Pläne mit seinem Sohn, dem diese gar nicht behagen: „Martin, ich möchte, dass du Lesen und Schreiben lernst. Dann kannst du das Schwazer Waldlehrbuch selber lesen, das brauchen wir Grubenzimmerer immer wieder einmal. Ebenso wie die Urkunden unserer Bruderschaft. In Reith oben ist ein alter Schulmeister tätig, der tät' noch einige Schüler nehmen."

Und so eilt der aufgeweckte Junge gehorsam, aber äußerst widerwillig, an den Feiertagen hinauf ins Nachbardorf. Seine beiden Schwestern hätten ihn gerne begleitet, aber ihr Vater hat sofort abgewunken: „Schreiben und Lesen für Mädchen? Das könnt ihr euch sofort aus dem Kopf schlagen. Da müsst ihr bei den Dominikanerinnen in Mariatal eintreten …"

In einer baufälligen Hütte nahe dem Reither See trifft Martin auf einige gleichaltrige Bekannte, die der Widerwille gegen den strengen Schulmeister Johann Walder eint. Der soll früher Feldwebel bei den Kaiserlichen gewesen sein, hört man, und so behandelt er auch seine Schüler. Er ist schnell mit dem Stock zur Hand und schwitzend plagen sich die Jungen, die vorgegebenen Buchstaben auf ihren Schiefertafeln mit Kreide nachzuahmen. Walder stammt aus dem Wipptal und entwickelt sich immer mehr zu einem alten Griesgram. Seinen Unwillen lässt er an seinen Schülern aus und beschimpft sie als „Zuzügler" und „Bayern", die gar keine richtigen Tiroler seien. Viele verlassen vorzeitig den schäbigen Klassenraum, Martin hält durch und berichtet stolz seiner Familie, als er erstmals Sätze aus einem zerfledderten Buch lesen konnte.

Beschwingt ob seines Lernerfolges scheint ihm am nächsten Sonntag der steile Weg nach Reith nun viel weniger anstrengend zu sein. Da dringt Stimmengewirr an sein Ohr, eine Gruppe von verlotterten Kindern bedrängt ein kleines blondes Mädchen, das zornig aber vergeblich um ihren Korb voll gesammelter Beeren und Pilze kämpft. Das energische Auftreten von Martin ändert die Lage: „Schämt ihr euch nicht, die Kleine zu berauben! Ihr Feiglinge, gebt ihr den Korb sofort zurück, sonst habt ihr es mit mir zu tun!" Fast alle weichen zurück, nur ihr älterer Anführer stürmt wie ein gereizter Stier auf Martin zu. Schnell bereut er seinen unüberlegten Angriff, ein kurzes Handgemenge und schon liegt er halb bewusstlos am Waldboden. Obwohl in der Überzahl, wirkt der Anblick auf seine Freunde abschreckend und sie verschwinden mit deftigen Schimpfworten im Dickicht des Waldes, zerren ihren taumelnden Anführer mit. Zurück bleibt Martin, leicht außer Atem, und das kleine Mädchen, das Martin unendlich dankbar anstrahlt.

Beide ahnen nicht, weil noch tief im Schoß der Zukunft verborgen, dass Martin in zwei Jahrzehnten nochmals für dieses Mädchen kämpfen wird. Allerdings unter viel dramatischeren Umständen.

Seit Sommer 1511 gibt es in Brixlegg eine Gaststätte für das „gemeine Volk". Nach langem Widerstand haben die Rattenberger eine „Würths Tavern" zugelassen. Wirt Hans Ullrich und seine kecken Schankmaiden haben viele Gäste, denn sie wird rasch ein beliebter Treffpunkt der Bergverwandten und vieler Handwerker. Das Geld sitzt locker im düsteren Gewölbe, Raufhändel sind an der Tagesordnung, besonders beim Würfel- und Kartenspiel. Aber die Zeit dafür ist begrenzt, die Rattenberger haben ihre strengen Bestimmungen auch auf Brixlegg ausgedehnt. Nur in der Taverne sind Würfel und Karten bis zum Einbruch der Dämmerung erlaubt, so lange „mögen angeseßne (ansässige) personen wol spiln und kurzweil treiben", aber zu Hause ist es verboten. Umso mehr nutzen die Gäste die Gelegenheit „beim Wirten".

Der hat noch ein anderes Problem: Der hiesige Wein sei fast nicht mehr trinkbar, sagen alle und verziehen ihr Gesicht; schuld sei das kühlere Wetter, sagt der Wirt entschuldigend. Die Winter kommen früh, sie sind länger und strenger geworden. Nur in den Erzählungen der ganz Alten hört man noch von den warmen Sommern, die in früheren Jahren in Europa vorherrschten.

Jahrhunderte später wird man diese radikale Klimaverschlechterung als „Kleine Eiszeit" bezeichnen, davon ahnen die munteren Zecher in Ullrichs Schänke noch nichts, aber sie spüren die Veränderungen. Früher haben selbst die Alpbacher beträchtliche Mengen von Wein weit ins Bayerische hinaus geliefert, erzählt ein uralter Bauer. Jetzt verzichten die bayerischen Klöster gerne auf den Nordtiroler „Sauerampfer". Auch die Tiroler greifen zunehmend zum Bier und die nächsten Brauereien sind nicht weit. Das nahe Städtchen Rattenberg hat fünf davon. Die älteste ist der „Kremerbräu", aber auch die Augustiner erzeugen ein süffiges Bier nach bayerischer Art – sehr zum Grimm der anderen Brauereien.

Die hohen Herren, die Verwalter, Hüttenmeister und Mitglieder der Bergbaubehörde lassen sich in der Schänke eher selten blicken. Für die „Hammerherren" besteht seit Jahrzehnten ein beachtliches Gebäude am Eingang zum Schmelzwerk, das einem Adelsansitz gleicht. Der dort ausgeschenkte Wein kommt von Tirol jenseits des Brenners und aus dem „Welschland".

Die Hammerherren und Behörden hätten sich aber mehr um die Stimmung in der Bevölkerung kümmern sollen, denn im flackernden Licht der Kienspäne und Öllampen wächst der Unmut. Diesmal geht es nicht um Streitereien beim Würfelspiel oder um die Gunst der Schankmädchen. Empört besprechen die Bergleute im Sommer 1517 zu später Stunde Pläne des Berggerichts, die Grubenzimmerer auch zum Holztransport einzusetzen. Der enorme Holzbedarf hat zur radikalen Abholzung rund um die Mundlöcher der Bergwerke geführt. Das dringend benötigte Grubenholz muss in mühseligem Transport von weit her und dann hinauf zu den Stollen gebracht werden. Diese ungute Arbeit will die Bergbaubehörde den Grubenzimmerern zusätzlich aufbürden, aber da sticht man in ein Wespennest.

Hart schlägt die Faust Hallers auf den Wirtshaustisch: „Die hohen Herren sind geizig und finden deshalb niemand für diese lausige Arbeit. Auf den Länden von Gai und auf der anderen Innseite am Achenrain stapelt sich das getriftete Holz und keiner will es in die Höhe tragen. Mit uns kann man jedenfalls nicht rechnen!" Georg Haller ist zum Wortführer seiner Bruderschaft gewählt worden, die Knappen unterstützen die Anliegen der Grubenzimmerer und drohen mit einem Aufstand. Das wirkt, schließlich gibt man in Rattenberg nach und zahlt. Das geschieht äußerst widerwillig, aber die „liderlichen Gesellen" seien sonst nicht am Berg zu halten, schreibt ein Unbekannter abfällig in die Rattenberger Bergchronik. Und – siehe da – bei entsprechender Bezahlung finden sich genügend Taglöhner, die diese anstrengende Arbeit übernehmen.

Reformation und Anarchie
Berggericht Rattenberg nach 1518

Der erfolgreiche Widerstand der Grubenzimmerer im Bergrevier Rattenberg ist nur eine Randnotiz der Geschichte in
diesem bedeutungsvollen Jahr 1517. Mit einiger Verspätung
kommen den aufmerksamen Bergleuten Ereignisse zu Ohren, deren tiefgreifende Auswirkungen noch niemand ahnt.
Ein kleiner Mönch aus Sachsen wird die mittelalterliche Welt
erschüttern. Das Erzgebirge in Sachsen ist ein bekanntes
Bergbaugebiet und es herrscht ein reger Austausch mit den
Tiroler Revieren. So erobern bald die neuen Ideen die Grafschaft Tirol.

Aufgeregt berichtet Georg Haller seiner Familie am Abend:
„Ein Mönch namens Martin Luther soll aufgetreten sein im
Oktober zu Wittenberg in Sachsen und 95 Thesen, das sind
Lehrsätze, angeschlagen haben. Er will die Kirche reformie-
ren und hat schon viel Zustimmung bekommen." Und ange-
sichts der zweifelnden Miene seiner Frau beteuert er: „Ein

Bergmann hat's mir erzählt,
der von Sachsen nach Tirol
gewechselt hat. Ich hab' ihn
wegen seiner Mundart oft
schwer verstanden, aber er
hat von der Begeisterung
berichtet, die Luthers Gedanken nicht nur unter den
Bergverwandten ausgelöst
haben. Der Sachse hat so-
gar Luthers Vater gekannt,
der war auch ein Bergver-
wandter".

Martin Luther

Der sächsische Bergmann
ist einer der zahlreichen Zu-

wanderer, die als „Lutherische", die Gedanken des Reformators, auch in den Bergwerken Tirols verbreiten. Teile der einheimischen Bevölkerung sind gegen die fremden Ketzer, aber die Bergbaubehörden sind froh über die erfahrenen Fachleute. Weniger erfreut sind sie über die evangelischen Flugblätter im Gepäck der Zuzügler, die unter den Bergleuten die Runde machen. Jetzt sind die Lesekünste der Haller-Männer gefragt.

Gespannt lauscht der inzwischen 18-jährige Martin seinem Vater und spürt dessen Sympathie für die neuen Ideen, während die fromme Mutter ein Kreuzzeichen schlägt und vom „Antichristen" und „Ketzer" murmelt. Das habe auch Peter Kastner, der Vikar von Reith, in seiner letzten Predigt von der Kanzel gedonnert. Alle haben ihm trotzdem nicht geglaubt.

Schon geht das neue Gotteshaus in Brixlegg seiner Vollendung entgegen, da durchläuft eine Todesnachricht das Land. Maximilian, Landesherr seit 1490, ist in Wels verstorben. Martin hat den todkranken Kaiser noch einige Wochen zuvor, anfangs November 1518, gesehen. Wie es der Zufall so wollte, begleitete er einen Holztransport über die Brücke, die seit einigen Jahren die jenseitige Lände in Crännzach (Kramsach) mit Brixlegg verbindet. Von Westen her näherten sich mehrere Innschiffe, deren bessere Ausstattung einen hochgestellten Fahrgast vermuten ließen. Im fahlen Licht der Novembersonne erblickte er an Bord des größten Schiffes einen sehr krank wirkenden Edelmann mit markanten Gesichtszügen und einer auffallenden Nase. „Der macht's nicht mehr lange" spürte Martin, dessen Winken mit einer müden Handbewegung beantwortet wurde.

Später erfährt er von Innschiffern, wem er zugewunken hatte. Kaiser Maximilian kam aus Innsbruck, ab Hall wählte er den bequemeren Wasserweg. Der Inn trägt einen müden, ausgelaugten und früh alt gewordenen Habsburger durch das Unterinntal nach Osten, seinem nahen Tod entgegen. Der wird ihn in Wels ereilen, sein Leichnam ruht in der St.-

Georgs-Kapelle in Wiener Neustadt. Sein bereits begonnenes monumentales Grabmal in der Hofkirche zu Innsbruck bleibt leer.

Beim Märzmarkt im Städtchen Rattenberg sind Neuigkeiten rund um den Tod Maximilians ein viel besprochenes Thema. Besonders berührt die Frauen, dass man Maximilians Herz nach seinem Wunsch in einer goldenen Kapsel nach Burgund gebracht haben soll. In der Liebfrauenkirche in Brügge wurde es im Sarkophag Marias von Burgund beigesetzt, an der Seite seiner geliebten ersten Frau. Das wissen Innschiffer zu erzählen, die gerade von einer Flussfahrt aus Wien zurückgekehrt sind.

Der Tod des beliebten Landesherrn hat verheerende Auswirkungen auf das Land Tirol. Sein Enkel – er wird als römischdeutscher Kaiser Karl V. in die Geschichte eingehen – soll zunächst der neue Landesherr werden. Aber der 19-jährige

Das leere Grabmal Maximilians in der Hofkirche Innsbruck.

Carlos ist noch weit entfernt in Spanien. Das zweijährige gefühlte „Interregnum", also die Zeit ohne anwesenden Fürsten, hat böse Folgen.

Eine Welle der Anarchie und Zerstörung erfasst das „Land im Gebirge". Das „Oberösterreichische Regiment", so der Titel der damaligen Tiroler Landesregierung, wird der Unruhe nicht mehr Herr. Die Absenz des Landesherrn lässt in der Grafschaft Tirol die Dämme brechen. Es wird erzählt, die alten Regeln und Gesetze gelten nicht mehr, was man gar zu gerne glaubt, und nun sei der Wald wieder das Jagdgebiet der Bauern. Unter Maximilian gab es für „Waldfrevel" oft barbarische Strafen, so volksnah sonst der Kaiser gewesen sein mochte.

Mit Entsetzen erinnert sich Martin an einen Bauern aus Reith, dem man die linke Hand und die Nase abgeschnitten hatte. Er war in einem landesfürstlichen Forst ergriffen worden, als er dort Rehe jagte. Zur Abschreckung wurde die blutige Bestrafung am Hauptplatz von Rattenberg an einem Feiertag vollzogen, um möglichst vielen Menschen die Strenge des Gesetzes zu zeigen. Unvergessen bleibt Martin das schmerzverzerrte Antlitz des gepeinigten Bauern, dessen Verbrechen im Versuch bestand, seine vielköpfige Familie vor dem Verhungern zu bewahren.

Viel gesetzloses Volk treibt sich im Frühling 1520 auf den Straßen herum, es hat zunehmend die Angst vor der Obrigkeit verloren. Der langwierige Krieg Maximilians gegen die Republik Venedig ist noch nicht so lange vorbei, viele Söldner sind nun ohne „Beschäftigung", aber noch voll bewaffnet und durchstreifen das Land.

Dem trägt sogar der Brixlegger Kirchenbau Rechnung: In der Endphase entsteht – eingedenk der unsicheren Zeiten – eine Mauer rund um das Gotteshaus, die sogar mit Schießscharten versehen ist. Dahinter sucht man vergebens einen Friedhof, auf den werden die Gewerken noch einige Jahrzehnte warten müssen. Salzburgs Erzbischöfe haben es mit ihrer Zustimmung nicht eilig und so werden die Bergverwandten weiterhin auf den Friedhöfen von Reith und Rattenberg beerdigt.

Der Winter will diesmal auch im Frühjahr noch nicht weichen und starke Schneefälle plagen das Land im April. Eines Abends, Vater Georg und Sohn Martin sind noch nicht aus dem Bergwerk zurück, wird die Tür aufgerissen und mit einem Schwall von eiskalter Luft drängen zwei wilde Gestalten in die Stube des „Knappenhäusls", ein Dritter lauert vor dem Haus. Unheil kündigt sich an und mit schreckgeweiteten Augen weichen Anna Haller und ihre halbwüchsigen Töchter zurück.

„Schau, schau", lispelt der fast zahnlose Soldat begierig, „zwei Küken und eine Henne! Das wird ein Festmahl, wie wir es schon lange nicht mehr hatten. Und Geld haben sie sicherlich auch versteckt – oder?" Und sein Kumpan ergreift brutal die jüngere Tochter und hält ein scharfes Messer an die Kehle des wimmernden Kindes. „Redet oder der Boden ist gleich rot von ihrem Blut!"

Weiter kommt er nicht, denn mit brechendem Auge sieht er sein eigenes Blut aus einer tiefen Brustwunde sprudeln. Dem Anderen gelingt es noch, sein Schwert zu ziehen, da durchbohrt ihn die Lanze Martins. Er und sein Vater haben zuvor den Dritten vor dem Haus lautlos erledigen können, noch hat Georg Haller seine Ausbildung zum Landsknecht nicht vergessen.

Dichtes Schneetreiben verwischt die Spuren der Eindringlinge, ihre Blutspuren werden wie von einem Leichentuch bedeckt. Geschockt beseitigen die Frauen die verräterischen roten Flecken im Haus. Noch in der Nacht werden die Leichen zum Inn geschafft und dem Fluss anvertraut. Langsam treiben sie davon, sie sind nicht die Letzten, die in diesen unsicheren Zeiten tot im Fluss landen …

Festlichkeit und Tavernenstreit
Brixlegg im Sommer 1520

Am Freitag, den 23. Juli 1520, ist ein warmer Sommertag und wie geschaffen für eine große kirchliche Festlichkeit. Am Feiertag des Hl. Coelestin soll die kürzlich vollendete Kirche von Brixlegg geweiht werden. Sie hat insgesamt fünf Altäre wie die Kirche in Reith, wodurch die Bedeutung der Bergverwandten unterstrichen wird. Nur für diese Bevölkerungsschicht ist das beachtliche Bauwerk gedacht und so wird es lange bleiben. Das spätgotische Gotteshaus – in Italien herrscht schon längst der Baustil der Renaissance – erhebt sich in beherrschender Lage auf einem Hügel hochwassersicher vor dem tückischen Alpbach, der damals noch Prisslech genannt wird. Jörg Steyrer, der begabte Erbauer der Kirche, hat die Vollendung nicht mehr erlebt. Der leicht erregbare Baumeister ist 1515 in Rattenberg „am Schlagfluss" plötzlich verstorben.

Das „Kundler Tor" in Rattenberg

Viel neugieriges Volk, auch aus den Nachbarorten, drängt sich in den festlich bekränzten Gassen des Dorfes, denn hohe Geistlichkeit hat sich zur Einweihung angesagt. Solche Ereignisse sind selten, den feierlichen Einzug von bedeutenden Persönlichkeiten wollen die Schaulustigen nicht versäumen. Schon am Vortag sind Salzburgs Erzbischof Matthäus Lang und Berthold Pürstinger, Bischof von Chiemsee, angereist. In Rattenberg waren sie beim Kundler Stadttor vom Burghauptmann Christoph Philipp Graf von Liechtenstein, Freiherrn von Castelkorn, und dem Stadtrat empfangen worden. Vikar Hans Paumgarten hatte ehrerbietig den Ring des Erzbischofs geküsst. Wolfgang Topf, seit Juni 1519 Prior des Augustinerklosters, hält sich tunlichst im Hintergrund. Die Stadtler tuscheln, er schäme sich wegen der geringen Zahl seiner Mitbrüder und wolle unangenehmen Fragen ausweichen.

In Brixlegg trifft der Zug am späten Nachmittag ein. An der Spitze reitet ein Gewappneter mit der Standarte des Kirchenfürsten. Georg Haller und seine Familie sind unter den Zuschauern am Straßenrand und erhaschen einen Blick auf eine reich gekleidete massige Gestalt hoch zu Ross, die viel Macht, aber auch Tücke und Hochmut ausstrahlt.

Neben Georg Haller steht, gestützt auf seinen Stock, sein Traupriester, der Augustinermönch Joachim Taschl. Zwar betagt und gebrechlich, aber geistig noch hellwach, weiß der Geistliche erstaunlich viel über den hohen Kirchenfür-

Erzbischof Matthäus Lang

sten zu berichten: „Seine Tätigkeit am Hofe Maximilians hat ihm manche Vorteile gebracht. Schon früh ist der gebürtige Augsburger geadelt worden und hat viele kirchliche Ämter bekommen. Ich glaube, um 1511 ist Lang von Papst Julius II. insgeheim zum Kardinal ernannt worden – in pectore nennt das unsere Mutter Kirche." Und ergänzt unter dem erstaunten Blick Georgs: „Aber Priesterweihe hat er lange keine gehabt, die wurde, glaube ich, erst im vergangenen Jahr nachgeholt."

Und nur halblaut mit einem Seufzer: „Dieses Pfründe- und Ämtersammeln ist eine Schande für unsere Kirche und gegen das Evangelium. Auch sollte sich die hohe Geistlichkeit mehr um ihre Schäflein und weniger um die weltliche Politik kümmern. Ich sollte es eigentlich nicht erwähnen, aber selbst der frühere Hl. Vater, Julius II. aus dem Hause Rovere, gebärdete sich mehr als italienischer Landesfürst dem als Obersten Hirten der Christenheit. Auch seinem Nachfolger Leo X. ist die Politik wichtiger als das Wohlergehen der Kirche. Das hat uns ein Klosterbruder berichtet, der kürzlich aus dem Welschland zurückgekommen ist. Und unser Erzbischof Matthäus ist selten in Salzburg, meist ist er in diplomatischen Diensten unterwegs. Dass der Zeit hat für Brixlegg, hat sicherlich einen anderen Grund …"

Nach einem vorsichtigen Seitenblick: „Meine Mitbrüder im Kloster sind nicht gerade Vorbilder für christliche Lebensführung, aber das ist ja leider allgemein bekannt. Viele sind wir ja nicht mehr … Und da ist auch noch der abscheuliche Ablasshandel, von dem will ich gar nicht reden. Denn wer horcht schon auf einen kleinen Augustiner …". Wohl nicht in Rattenberg, aber ein anderer Augustinermönch aus dem fernen Wittenberg wird die mittelalterliche Welt zum Erbeben bringen.

Die hohen Herren wollten bei ihrer Anreise durch das unsichere Tiroler Unterland kein Risiko eingehen und sind von waffenstarrenden Söldnern begleitet. Pürstinger nimmt im noblen „Herrnhaus" Quartier, der Fürsterzbischof begibt sich weiter zum Schloss Matzen.

Am östlichen Burgtor empfangen ihn Mitglieder der Familie Frauenberger, alter bayerischer Landadel und seit einigen Jahren treue Vasallen Habsburgs. Das war nicht immer so, der sich im Hintergrund haltende alte bayerische Schlosshauptmann hat noch ein gutes Gedächtnis und kennt die Vorgeschichte:

Beim Streit zwischen den beiden verfeindeten Linien der Wittelsbacher 1504 waren die Frauenberger auf Seiten der Landshuter Linie gewesen und somit Gegner Erzherzog Maximilians. Der entzog ihnen darauf kurzerhand Schloss Matzen, obwohl sie es von den Rittern von Ross durch Heirat rechtmäßig erworben hatten und übergab es dem treuen Gewerken Veit Tänzl aus Schwaz. Tänzl hatte nicht lange Freude mit seinem neuen Besitz. Die Frauenberger nutzten ihre Beziehungen nach München und erlangten die Unter-

Schloss Matzen

stützung von Maximilians Schwester Kunigunde, die mit dem bayerischen Herzog verheiratet war. Sie schrieb ihrem Bruder böse Briefe. Außerdem wechselten die Frauenberger auf die Seite Maximilians und so kam das Schloss wieder an die rechtmäßigen Besitzer.

Ehrfürchtig begrüßen die übrigen Schlossbewohner den Erzbischof und werden zum Ringkuss zugelassen. Als besondere Ehre hat Kardinal Matthäus Lang zugesagt, die neue Schlosskapelle zu weihen. Dort soll sich neben zahlreichen Reliquien ein wundertätiges Kreuz befinden, von einem bedeutenden Künstler gefertigt.

Aber die Weihe der neu gestalteten Kapelle ist nicht der Hauptgrund des Besuches des Kardinals im Schloss. Es gibt viel zu besprechen zwischen dem hohen Kirchenfürsten und dem einflussreichen Schlossherrn. Seit dem Tode Kaiser Maximilians herrscht große Unruhe im Reich der Deutschen, Martin Luthers Thesen finden breite Zustimmung und nicht nur in Tirol herrscht Anarchie. Die beiden Enkel des verstorbenen Kaisers, Ferdinand und Karl, sind noch sehr jung und stehen am Beginn ihrer Herrschaft, die erst gefestigt werden muss.

Am nächsten Tag sind die Gassen abermals dicht gesäumt von zahlreichen Schaulustigen, die den feierlichen Einzug der Geistlichkeit und der hohen Bergbaubehörden in das neue Gotteshaus bestaunen. Nicht alle am Straßenrand sind mit der kirchlichen Prachtentfaltung einverstanden, aber noch ballen sie nur die Fäuste in der Hose. Nur ungern knien sie beim bischöflichen Segen und drängen sich nicht zum Ringkuss. Nicht Wenige bleiben der kirchlichen Feierlichkeit überhaupt fern. Schon haben die neuen Gedanken Luthers in der Bevölkerung, besonders unter den Bergverwandten, viele Anhänger. Knappen aus dem sächsischen Erzgebirge sind zu Sendboten des Luthertums geworden. Auch durchziehen evangelische Prediger, die „Prädikanten", das Land und finden offene Ohren. Es brodelt im Untergrund …

Am Abend nach den Einweihungsfeierlichkeiten ist die Schänke Ullrichs brechend voll und man trinkt auf die Fertigstellung der neuen Kirche. Endlich haben die Bergverwandten ihr eigenes Gotteshaus und müssen es nicht wie in Rattenberg mit den hochnäsigen Bürgern teilen. Die Kirche, geweiht dem Hl. Joseph, hat eine beachtliche Größe und besitzt fünf Altäre – ein Zeichen für die Wichtigkeit der Bergverwandten. Das Schmelzwerk hat sich während des Kirchenbaues nicht lumpen lassen: Werksschreiber Jörg Haunersdorffer war angewiesen, die Bauarbeiten mit beachtlichen Summen, sowie der Beistellung von Kupfer und Silber zu unterstützen. Auch die aufwändigen Messgewänder will das Werk bezahlen.

Viele Handwerker, die während des Kirchenbaues gut verdient haben, feiern mit. Rattenberg hat – wie man hört: nur widerwillig – kürzlich die strengen Beschränkungen bezüglich Gewerbe für den aufstrebenden Nachbarort etwas gelockert. Bisher hatten die Stadtler wie der Kupferschmied Gilg Kreil in Brixlegg gut verdient und konnten sich hier große Anwesen erbauen. Die örtlichen Gewerbetreibenden waren nach Kräften behindert worden und man hatte sogar den Landesfürsten eingeschaltet. Der Metzger Ulrich Stainberger konnte ein Lied davon singen: überfallsartig kam ein Gerichtsbote aus Rattenberg und verbot ihm den Verkauf von Fleisch, bis er entnervt aufgab und das Geschäft seinem Enkel Veit Stetner überließ. Nun dürfen in Brixlegg ein Schneider, ein Schuster, ein Weber und ein Schmied tätig sein, denen aber jeweils nur ein Knecht zugestanden wird.

Etwas besser waren immer schon die Müller gestellt, deren Mehl bei Bergverwandten und beim Kirchenbau gefragt war. Da trinkt der „Spitzhamer" Hans Niederhofer, begleitet von seiner Magd Maria, von der alle wissen, dass sie seit dem frühen Tod seiner Frau seine Lebensgefährtin ist und seine Kinder betreut. Daneben sitzt sein Nachbar, der „Stablmüller" Wilhelm Dänkl, dem die Bergbauzeit zu großem Wohlstand verholfen hat. Nicht nur er hat sich unerlaubterweise durch Brotbacken wortwörtlich ein „Zubrot" verdient. Er besitzt eine große Mühle neben dem Mühlbichl und ein beachtliches, fast einem kleinen Adelsansitz gleichendes Haus, das erst vor einigen Jahrzehnten erbaut worden ist. Begleitet wird Dänkl von mehreren Müllergesellen, die nicht zu den Frömmsten zählen und wenig in der Kirche gesehen werden. Man munkelt, sie wären heimlich „Lutherische" geworden. Das hindert sie allerdings nicht, dem Rattenberger Bier kräftig zuzusprechen. Gegen den Willen des Vaters beteiligt sich Martin an der fröhlichen Runde.

An einem solchen Ehrentag gesellen sich zur festlichen Runde sogar Unternehmer, die sonst nur im „Herrnhaus" anzutreffen sind. Ehrerbietig wird den Gewerken und ihren Damen Platz gemacht. Der alte Caspar Stettner, Herr auf Schloss Lanegg, hat sich trotz seiner Gicht unter die Festgäste begeben. Der Wirt hat einen besonderen Tisch für Sieg-

Festliche Tischgesellschaft um 1520

Musikanten und Tanzpaar um 1520

mund Fieger vorbereitet, der die größte private Schmelzhütte in Mehrn betreibt. Die aus Hall stammenden Fiegers sind als Gewerken im Schwazer Bergbau reich geworden und haben Kaiser Maximilian mit beträchtlichen Summen unterstützt. An den Tischen der Schänke geht die Rede, Sigmund Fieger sei in Kaufverhandlungen mit den Frauenbergern und wolle Schloss Matzen erwerben.

Für diesen muss der beste Wein kredenzt werden, zumal er seine Brüder Hans und Christoph, außerdem die begüterten Gewerken Lienhard Vallenberger und Leonhard Härrer aus Rattenberg mitgebracht hat. Die hohen Herrschaften sorgen für Getuschel und Aufsehen, weil sie die gebratenen Fleischstücke nicht mehr mit den Fingern, sondern mit Hilfe einer zweizackigen Gabel zum Mund führen.

Mehrere Spanferkel drehen sich über dem offenen Feuer und der anregende Geruch von frisch gebackenem Brot durchzieht die Schänke. Dazu wird eine kräftige Suppe gereicht, die in einem kupfernen Kessel brodelt. Viele sitzen an diesem lauen Sommerabend vor der Schänke und lauschen vergnügt den Klängen einer Musikergruppe aus dem Zillertal. Die nutzt die seltene Gelegenheit – Rattenberg hat auch da ein Mitspracherecht –, die Festgäste mit lustigen Melodien zu erfreuen. Die schrillen Töne einer Fidel vermischen sich mit den dumpfen eines Dudelsacks, der fast die zarte Blockflöte und die Laute übertönt, ein Schlagwerkzeug gibt den Takt an. Manche Pärchen wagen sogar ein Tänzchen, trotz der missbilligenden Blicke der Geistlichkeit.

Die landesfürstliche Hütte stellt den Großteil der Gäste, gut erkennbar an ihrer roten Bekleidung. Seit 1464 ist diese Farbe ein Kennzeichen der Brixlegger Hüttenarbeiter; „weil sie es nit anders wöllen" steht in einem Dokument. Zu den Rotgewandeten zählt auch der kürzlich verwitwete Hüttenmeister Niklas Neuwirth mit seiner einzigen verbliebenen Tochter Agnes. Die hellhaarige Halbwüchsige hat nur Augen für Martin, den sie seit ihrer frühen Kindheit kennt und schwärmerisch verehrt. Erfreut winkt sie ihm zu.

Seine Hilfe gegen die räuberischen Buben am Weg nach Reith hat sie nicht vergessen: „Weißt du noch, Martin, du hast mir vor einigen Jahren geholfen?" Der hat daran nur mehr eine vage Erinnerung: „Ach, du warst das! Gern geschehen, das waren drei Feiglinge!" Sie schmilzt dahin, als ihr Martin einen Honigkuchen zukommen lässt.

Die Gschäll-Brüder Georg und Christian sind von Kramsach über den Inn gekommen. Sie bewirtschaften das „Gschäll-Gütl" an der Valepp (Brandenberger Ache) und sind vom nahen Frauenkloster Mariatal abhängig, zu dem sie gute Beziehungen pflegen. Böse Zungen behaupten, zu gute … Bauern aus Zimmermoos sind nicht zu sehen, denn es ist nicht ihre Kirche.

Es herrscht eine geteilte Stimmung in der überfüllten Wirtsstube, gesteigert durch den reichlichen Genuss von Wein, Bier und Branntwein. In die Freude vieler mischen sich auf-

Wirtshausszene

rührerische Reden einiger. Martin Haller ist das ungewohnte
Bier zu Kopf gestiegen und lautstark äußert er seine Abnei-
gung gegen die Obrigkeit. Aber in der Schänke sitzen auch
mehrere Söldner des Erzbischofs und bald ist ein böser Streit
entbrannt. Ein erzürnter Soldat aus dem Begleitkomman-
do, auch nicht mehr nüchtern, stellt Martin zur Rede. Der
Vermittlungsversuch des besorgten Wirtes erfolgt zu spät.
Beide ziehen blitzende Messer und umkreisen sich lauernd.
Der Salzburger ist zwar stärker, Martin aber schneller und
mit einem letzten Schrei bricht sein tödlich verletzter Gegner zusammen. Die vornehmen Damen kreischen, mit einem
grässlichen Misston endet die Festmusik.

Tumult im Wirtshaus

Im folgenden Tumult gelingt es dem jungen Tiroler zu entkommen, aber in Brixlegg kann er nicht mehr bleiben. Er muss das Land verlassen, wenn er überleben will, denn die Strafen für Kapitalverbrechen sind radikal. Es war zwar nur eine der zahlreichen Wirtshausraufereien mit tödlichem Ausgang, aber wie der gestrenge Stadtrichter Anngst von Rattenberg entscheiden wird, ist mehr als unsicher. Der besorgte Vater rät Martin dringend zur Flucht noch in dieser Nacht. Tränenüberströmt umarmen ihn Mutter und Schwestern vor dem Haus, dann verschluckt ihn die Dunkelheit der Nacht.

***

4. DER KAMPF DER GEDANKEN

Lutherische und Täufer
Landgericht Rattenberg 1522-1528

Gebannt lauschen die Bergverwandten in der neuen Kirche von Brixlegg den temperamentvollen Ausführungen eines streitbaren Geistlichen. Ein junger Kaplan namens Hans Wöllflin verkündet unverfroren die Lehren Luthers. Seine Begeisterung ist ansteckend, das zustimmende Gemurmel vom Großteil der Anwesenden ist unüberhörbar. Nur die ganz vorne stehenden – noch gibt es keine Kirchenbänke – Honoratioren des Schmelzwerkes zeigen sich empört über die „lutherische Ketzerei" und tun dies noch in der Kirche lautstark kund: „Hinaus mit dem Ketzer! Was denkt sich denn der Pfarrer von Reith, uns den vor die Nase zu setzen! Dafür haben wir diese Kirche nicht bauen lassen!"

Kirche Brixlegg mit Schmelz-werk   *Die Dekanats- und Pfarrkirche Reith*

Wir schreiben Mittwoch, den 19. März im Jahre des Herrn 1522. Dieser Tag ist seit alters her der dem Hl. Josef geweihte „Josefitag". Das ist einer der wenigen Tage, an denen in Brixlegg ein Priester die heilige Messe feiert. Ganz selten schickt Reith einen niederen Geistlichen, einen „Gesellpriester". Tiefe Unzufriedenheit macht sich breit, denn so hatten sich die Bergverwandten die religiöse Betreuung nicht vorgestellt. Man beklagt die kirchliche Untätigkeit; dazu gesellt sich Empörung über die aufrührerische Predigt eines Aushilfspriesters.

Er ist nicht allein – das Luthertum hat inzwischen im Tiroler Unterland viele Anhänger. Auch in den Reihen der katholischen Geistlichkeit finden die Gedanken des Reformators breite Zustimmung: In der großen Kirche von Rattenberg hat der Priester Wilhelm Kern unlängst die neue evangelische Lehre gepriesen. Seine Reden haben sogar den Bürgermeister Marpeck beeinflusst. Das Städtchen spricht vom Augustinermönch Stefan Kastenbauer, der sich Agricola nennt. Der strafweise nach Rattenberg versetzte Theologe hat sich bereits ganz der Reformation verschrieben, seine häretische Predigt am Allerseelentag 1521 brachte die Bürger in Aufruhr und dem Prediger Verhaftung und Überstellung nach Mühldorf. Er hätte „etwas ungeschickte Worte erhören lassen" verteidigt sich Agricola vor einer gestrengen Kommission. Auch hört man im Stadtl, dass viele Augustiner das Kloster bereits verlassen haben. Joachim Taschl, den die verbliebenen Klosterbrüder im April zum Prior wählen wollen, lehnt ab – er sieht keine Zukunft mehr.

Die Stimmung im neuen Brixlegger Gotteshaus ist geteilt: Abseits von den empörten Katholiken, die lautstark gegen die „ketzerischen Reden" protestieren, und den Anhängern der neuen Lehre steht im Hintergrund ein schlankes blondes Mädchen von nicht ganz 20 Jahren. Agnes ist bemüht, ihre Zustimmung für die Predigt Wölfflins nicht allzu deutlich zu zeigen, um ihren Vater, den Hüttenmeister Niklas Neuwirth nicht zu gefährden.

Die Obrigkeit ist bereits aufgeschreckt und hat ein wachsames Auge auf die Beschäftigten des Landesfürstlichen Schmelzwerkes, das immerhin 64 „Schmölzern" und ihren Familien ein leidliches Einkommen bietet. Viele wohnen im Werksgelände am Inn und betreiben dort nebenher eine kleine Landwirtschaft mit Kleinviehhaltung. Diesen bescheidenen Wohlstand will man nicht aufgeben und verbirgt deshalb seine Sympathien für Luthers Lehren.

Auch die Betreiber der zahlreichen privaten Schmelzhütten im Landgericht Rattenberg, immerhin zwölf an der Zahl, wollen von Luthers Lehre nichts wissen. Sie machen gute Geschäfte mit der Obrigkeit und wissen von der streng katholischen Einstellung des Landesfürsten. Deshalb werden „ketzerische Lehren" bei den Beschäftigten nicht geduldet, wenn sie auch nicht ganz unterdrückt werden können.

So erringt der evangelische Glaube im Landgericht Rattenberg nie jene übermächtige Stellung wie im übrigen

Geheime Treffen fanden an verborgenen Orten statt.

„Theutschlandt". Aber zunächst noch fast unbemerkt, macht sich im Untergrund eine neue religiöse Strömung breit. Aus der Schweiz, aber auch aus Sachsen dringen neuartige Gedanken ins Land, ihre Anhänger nennen sich „Täufer". Das wachsame Landesregiment bezeichnet sie hingegen als „Wiedertäufer", weil sie die Taufe den Erwachsenen nochmals spenden. Auch sie sind zur Heimlichkeit gezwungen, obwohl sie sich einer breiten Zustimmung in der Bevölkerung sicher sein können.

Am Beginn des Unterländer Täufertums stehen Zusammenkünfte an verschwiegenen Örtlichkeiten, sei es zu nächtlicher Stunde in den Behausungen der Anhänger, sei es an abgeschiedenen Plätzen wie dem düsteren Hagauer Wald oder auf Anhöhen im Alpbachtal, wie dem Graberjoch mit den „Teufelssteinen", die von der abergläubischen Bevölkerung tunlichst gemieden werden.

Agnes ist als Magd im stattlichen Haus von Wilhelm Dänkl tätig und beaufsichtigt auch seine drei minderjährigen Kinder. Der „Stablmüller" betreibt eine große Mühle am Alpbach, das Wasser eines parallelen Gerinnes bewegt das große Schaufelrad und eine Säge. Er weiß aus alten Urkunden, dass seine Mühle schon Jahrhunderte alt ist und auch unter dem Namen „Angermühle" bekannt war. Schon seit frühen Zeiten ist sie zinsmäßig mit St. Georgenberg verbunden. Dänkl macht gute Geschäfte mit den Bergverwandten und hat die Arbeiter am Kirchenbau jahrelang mit Mehl beliefert. Aber ein dunkler Schatten liegt über Dänkls Anwesen: seine Mutter Hedwig, eine herzensgute Person, plagt ein tückisches Magenleiden und beschert ihr schier unerträgliche Pein, ohne Hoffnung auf Genesung. Die Ärzte sind am Ende ihrer Kunst. „Was ist das für ein Gott, der bei meiner Mutter solche Schmerzen zulässt!" klagt Dänkl verzweifelt an ihrem Krankenbett und beginnt an seiner Religion zu zweifeln.

Eine gewisse Linderung bringen die Kräuter einer alten Bäuerin vom Reither Kogl, deren verstohlene Besuche nur in den Abendstunden erfolgen. Vorsicht ist geboten, denn schon werden heilkundige Frauen zunehmend als Hexen verdächtigt. „Sie belauern uns schon länger als Ketzer", gibt der Müller zu bedenken, „das würde der Obrigkeit sehr gelegen kommen, könnte sie uns auch wegen Hexerei anklagen!" Dänkl weiß, wovon er spricht. Von Bergverwandten, die südlich des Brenners tätig waren, hat er die Kunde, dass dort bereits Hexenprozesse stattgefunden haben. Schon vor 1500 sollen im Fleimstal dreißig Hexen verbrannt worden sein und gerade jetzt wird in Völs am Schlern ein Prozess gegen neun Frauen vorbereitet. Noch ist der Hexenwahn im Unterland erst am Anfang, der „Silberrausch" deckt vorerst manch böse Strömungen zu.

Die „Stablmühle" im Oberdorf von Brixlegg.

Was Niklas Neuwirth, der Vater von Agnes, keinesfalls wissen darf, sind die geheimen Kreise, in denen sich seine einzige Tochter bewegt. Häufige Besucher zu später Stunde im Hause des Stablmüllers blieben Agnes nicht verborgen. Vom Balkon erblickt das aufgeweckte Mädchen bekannte Bergverwandte aus dem weitläufigen Revier, Nachbarn und Handwerker, aber auch einfache Bauern aus Radfeld und Bruck. Überrascht sieht sie sogar den geachteten Bergrichter Pilgram Marpeck, seit Frühjahr 1522 Bürgermeister von Rattenberg, verstohlen durch den Hintereingang das Haus betreten.

In der großen Stube lauschen die Menschen dicht gedrängt den Ausführungen eines hochgewachsenen Mannes, dessen einprägsame Sprechweise einen höher gebildeten Bürger oder einen Kleriker vermuten lässt. Und tatsächlich entpuppt sich der beeindruckende Prediger als ein ausgetretener Mönch aus dem Franziskanerkloster im steierischen Judenburg. Der aus Vöcklabruck Gebürtige schildert mit bewegten Worten sein religiöses Suchen, das ihn zu einer führenden Person und zum Missionar der Täufer gemacht hat.

Lienhard Schiemer ist der Name der außergewöhnlichen Persönlichkeit, die den Zuhörern die neuartigen Gedanken des Täufertums vermittelt: Es ist eine friedliche Weltsicht, die er zu vermitteln trachtet, aber trotzdem höchst gefährlich für die spätmittelalterliche Ordnung. Das erkennt selbst die ahnungslose Agnes.

Manches hat sie so ähnlich schon von protestantischen Prädikanten gehört, aber die Täufer beschreiten ganz neue Wege. Schiemer verdammt kirchliche, aber auch weltliche Hierarchien, hört sie unbemerkt aus dem Nebenraum, als Grundlage des Zusammenlebens gilt nur die Heilige Schrift. Kriegsdienst und Gewalt werden abgelehnt, ein gemeinschaftlicher Besitz ist anzustreben. Nur als Täufer ist man „in der Arche" und kann dem drohenden Weltuntergang entgehen. Alle anderen würden der ewigen Verdammnis anheimfallen. Eindringlich warnt Schiemer vor radikalen Gedanken, die ein Thomas Münzer aus Sachsen verbreitet, und betont nachdrücklich die Friedfertigkeit seiner Bewegung. Aber nicht alle Täufer beschreiten diesen friedlichen Weg ... Schiemers Missionstätigkeit bleibt der wachsamen Behörde nicht verborgen, eine aufgeschreckte Obrigkeit wird vom streng katholischen Landesfürsten Ferdinand zum Handeln gedrängt. Der Habsburger, noch stark in mittelalterlichen Ketzervorstellungen verhaftet, erkennt die Sprengkraft der neuen Gedanken. Eine weitere Verbreitung der gefährlichen Lehren muss verhindert werden. Auch Erzbischof Lang hat bereits ein scharfes Sendschreiben gegen die „Widertauffer" erlassen. So ist die Verhaftung des Missionars eine beschlossene Sache und wird insgeheim vorbereitet.

Pilgram Marpeck, Rattenberger Bergrichter

Tod in der Festung
Winter 1527/28

Fahles Mondlicht dringt durch die Gitter des kleinen Kerkerfensters, hinter dem sich ein geschundener Häftling stöhnend auf fauligem Stroh wälzt. Lienhard Schiemer denkt mit
Grauen an die vergangenen Tage zurück, in denen er vom
Rattenberger Stadtrichter Bartlmä Anngst mit Unterstützung
zweier Folterknechte „gütlich und peinlich" befragt wurde.
Als die Schmerzen unerträglich wurden, hat der Gefangene
schließlich die Namen derer gestöhnt, die er bereits als Täufer kannte oder die von ihm getauft wurden. Ihm ist bewusst,
dass seine erzwungenen Aussagen eine Verhaftungswelle unter den Betroffenen auslösen wird und bereut zutiefst seine
Schwäche.
Lienhard Schiemer war zu unvorsichtig geworden, obwohl er
vom Rundschreiben des Landesfürsten Kenntnis hatte und
eigentlich gewarnt hätte sein müssen. In großer Anzahl hat
König Ferdinand I. den Tiroler Obrigkeiten im Herbst 1527
sein „Patent" zukommen lassen, in dem er die „widertauf-

Der Kerker der Festung Rattenberg füllte sich mit Wiedertäufern.

86

ferisch sect" scharf verurteilt
und deren strenge Verfolgung
fordert. Der ehemalige Mönch
macht sich schwere Vorwürfe:
er hatte sich wegen der breiten
Zustimmung der Bevölkerung
zu sicher gefühlt. In Gesellschaft von Knappen hatte er
in Schwaz noch einen besinn-
lichen Abend verbracht, mitten
in der Nacht polterten überraschend Bewaffnete in seine
Schlafstätte. Sein schmerzen-
reicher Leidensweg begann.

*Landesfürst Ferdinand I.,
Feind der Täufer.*

Kerkermeister Ruppert hat Mitleid mit der geschundenen
Kreatur und wohl auch Sympathien für das Täufertum. So
berichtet er dem Häftling insgeheim von den Problemen, die
seine Gefangennahme ausgelöst hatten. „Dein Fall ist zum
Streitfall geworden. Die Richter in Rattenberg", flüstert er
dem Gefangenen zu, „wollten dich milde nur mit Landes-
verweis bestrafen, das habe ich vom Gerichtsschreiber Jörg
gehört. Aber der Landesfürst Ferdinand ist unerbittlich und
besteht auf eine harte Bestrafung."
Die aufflackernde Hoffnung auf Milde wird bei der Gerichts-
sitzung am 12. Jänner 1528 endgültig zunichte gemacht, als
der Stadtrichter Bartlmä Anngst bald darauf das Todesurteil
verkündet. Schiemer vernimmt erbleichend seine Verurteilung zum Feuertod, allerdings „gemildert" durch vorherige
Enthauptung. Seine letzten Lebenstage verbringt er mit der
Abfassung einer tiefgründigen Schrift, mit der er seine Überzeugung verteidigt.
An einem strahlenden Wintertag, dem 14. Jänner 1528, geht
der Verurteilte mühsam wegen der Folterfolgen seinen letzten Gang. Die blutige Hinrichtung soll nicht öffentlich, son-

dern im oberen Wallgraben der Festung Rattenberg vollzogen werden. Die Obrigkeit will verhindern, dass ein Märtyrerkult um den Täuferführer entsteht. So ist der Weg des Verurteilten bis zum Richtblock kurz, neben dem schon Johann Frey, der jüngst ernannte Scharfrichter Nordtirols, und sein Sohn Melchior ihr Opfer erwarten.

Am Nachmittag sieht die Bevölkerung Rattenbergs dichten Rauch hinter dem oberen Festungsbereich aufsteigen. Wie ein Lauffeuer hatte sich die Hinrichtung Schiemers und seine nachfolgende Verbrennung im Städtchen herumgesprochen. Manche ahnten, dass böse Zeiten folgen sollten: Die erzwungenen Geständnisse Schiemers werden grausige Folgen für die junge Täufergemeinde haben: eine Verhaftungswelle sondergleichen setzt ein im Landgericht Rattenberg. Im Hintergrund wartet schon der Henker.

Verhaftung von Wiedertäufern

5. ZWISCHEN ALTER UND NEUER WELT

Auf einer spanischen Karavelle
Atlantik, Sommer 1521

Gischt des windzerzausten Meerwassers durchnässt einen einsamen jungen Mann an der Reling der „Santissima Trinidad", aber er ist in Gedanken versunken und spürt es kaum. Martin sinnt über die Wechselfälle des Lebens nach, die ihn vor sechs Wochen an Bord des großen Schiffes geführt haben. Das Segelschiff, eine dreimastige Karavelle, ist zwar nicht mehr neu, aber sie hat den großen Ozean schon mehrfach überquert und allen Stürmen widerstanden. Nun ist die Überfahrt fast vollbracht, es ist bereits tropisch warm und täglich erwartet man vom Ausguck den ersehnten Ruf: „Tierra!".
Bald wird die Nordküste der großen Insel in Sicht kommen, erstmals erblickt von der Besatzung der drei Segelschiffe des

Spanische Karavelle

Kolumbus gegen Jahresende 1492. Der Entdecker aus Genua hatte die langgestreckte Insel „Hispaniola", also „kleines Spanien", genannt. Zu Weihnachten ist er dort in einer geschützten Bucht an Land gegangen und hat den kleinen Hafen „Navidad" gegründet. Dem war kein langes Leben beschert, so wurde die weiter östlich gelegene Siedlung „La Isabella" die erste ständig bewohnte europäische Siedlung in der Neuen Welt.

Die „Santissima Trinidad" trägt sehr unterschiedliche Menschen über den schier unendlichen Ozean. Die wettergegerbte Besatzung steht unter dem strengen Kommando von Capitan Manuel Lopez, der stolz von seiner gemeinsamen Zeit mit Kolumbus berichten kann. Als blutjunger Schiffsjunge hatte er den Genuesen bei seiner zweiten Entdeckungsfahrt 1493 bis 1496 begleitet. Mit 17 Schiffen war man von Cadiz aus in See gestochen, nach zwei Wochen kamen die Kanarischen Inseln in Sicht. „Die Altvorderen haben sie die Insulae Fortunatae genannt, das bedeutet die Glücklichen Inseln", berichtet der Kapitän, „aber jetzt werden sie Islas

Teneriffa, die größte der kanarischen Inseln

König Ferdinand von Aragon   *Isabella von Kastilien*

Canarias genannt. Das leitet sich angeblich ab von den zahlreichen Hunden, auf Lateinisch Canis, die auf den Inseln sein sollen. Ich habe keine gesehen …"

„Ich habe La Gomera in bester Erinnerung", setzt Lopez seine Erzählung fort, „man hat uns auf dieser Insel einen glänzenden Empfang bereitet. Leider konnten wir nur sechs Tage bleiben. Aber der Aufenthalt war für die Weiterfahrt sehr wichtig. Dort gibt es nämlich einen Brunnen in der Casa de la Aguada, der liefert ein vielgerühmtes Trinkwasser, das auch eine lange Seefahrt übersteht."

„Aber", sagt der Kapitän augenzwinkernd, „neben dem unverwüstlichen Wasser gab's für Kolumbus auch einen persönlichen Grund, die Insel aufzusuchen. In der Hauptstadt San Sebastian hat er die Herrin der Insel, die edle Dame Beatriz de Bobadilla besucht, die man wegen ihres Vaters auch La Cazadora (die Jägerin) genannt hat. Und das mit Recht, aber ihre Jagdbeute war kein Wild …

Als blutjunge Zofe hat sie am königlichen Hof von Valladolid die Männer verrückt gemacht" und mit Flüsterstimme: „Kolumbus war dort nicht ihr einziger Liebhaber. Es geht das Gerücht, selbst König Ferdinand mit dem Beinamen „der Katholische" soll ihr verfallen sein."

Nun ist das Interesse der Zuhörer endgültig geweckt und sie hängen an den Lippen des Kapitäns: „Das hat seiner Gemahlin, der Königin Isabella von Kastilien, gar nicht gefallen und so hat sie die Heirat von Beatriz mit einem weit entfernten Adeligen arrangiert. Der hieß Hernán Peraza und kämpfte auf den Kanarischen Inseln gegen die Guanchen. Er ist dort nicht alt geworden, Beatriz war nicht übermäßig traurig. Man munkelt, Don Hernán hätte eine Geliebte unter den Eingeborenen gehabt und er wäre von einem eifersüchtigen Guachenhäuptling ermordet worden. So wurde Beatriz de Bobadilla weitab von Valladolid zur Herrin von La Gomera und hat sich an den Eingeborenen blutig gerächt … Wir können nur das Beste von ihr und unseren Landsleuten berichten, die Besatzungen der Kolumbusschiffe wären gerne länger geblieben." Und mit Bedauern: „Ich war damals – leider – noch zu jung für einige Angebote, aber meine Mitfahrer haben noch lange von den Frauen von La Gomera geschwärmt. Wir konnten Kolumbus verstehen, denn vor uns lag eine lange frauenlose Reise und Beatriz war damals gerade Witwe".

Vor dem erneuten Aufbruch seien die Besatzungen noch zu einer kleinen Kapelle oberhalb von San Sebastian gepilgert, um für eine sichere Überfahrt zu beten. Das hätte der Genuese auch vor der ersten Reise gemacht. Dann stach man wieder in See Richtung Westen. Der mächtige Vulkan Teide auf der Nachbarinsel Teneriffa blieb noch lange sichtbar.

Noch immer war Kolumbus überzeugt, so Kapitän Lopez, an der Küste Asiens zu sein. Folgerichtig nannte er die vorgelagerten Inseln „Westindische Inseln", die Einwohner „Indios". Der Kapitän hat auch andere Meinungen gehört: die neu entdeckten Gebiete sollen nicht zu Asien gehören, sondern Teil einer bislang unbekannten Landmasse sein. Man hat auch schon einen Namen für den neuen Erdteil: „Amerika" soll er heißen nach dem italienischen Forscher Amerigo Vespucci. Ein deutscher Kartograph namens Martin Waldseemüller hat die Bezeichnung zu Ehren des Italieners 1507 in seine Weltkarte eingetragen.

Mit Nachdruck erklärt der Kapitän, dass sich inzwischen die Erkenntnis von der Kugelgestalt der Erde allgemein durchgesetzt habe. „Die alte Vorstellung, dass die Erde eine Scheibe ist, könnt ihr getrost vergessen", versichert er überzeugend, „ihr braucht keine Angst zu haben, dass wir irgendwann am Scheibenrand hinunterfallen."

Allerdings: manches, was Lopez nach einem ausgiebigen Schluck Rum seiner Zuhörerschar erzählt, erregt Furcht und Schrecken. Martin, der in der Nähe der Gruppe am Hauptmast lehnt, behält seine Zweifel für sich. Lopez versucht seine Zuhörer zu überzeugen: er habe es als Begleiter von

Alte Vorstellung: die Erde als Scheibe (Aus: Cosmographey).

Neue Vorstellung: die Erde als Kugel (Aus: Cosmographey).

Kolumbus mit eigenen Ohren gehört und auch gesehen. Da ist die Rede von Inselbewohnern, die in ständiger Angst vor Überfällen von der Nachbarinsel leben, und das mit gutem Grund. Die Indios nennen die Übeltäter Cannibalen, weil sie friedliche Inselbewohner fangen, töten und verspeisen. Allerdings nicht alle, einige Knaben werden zunächst verschont, dann kastriert und gemästet, um später bei „passender Gelegenheit" als Festmahl zu dienen. Junge Weiber, berichtet der Kapitän, stehen nicht auf dem Speiseplan der Cannibalen, die ließ man als Sklavinnen am Leben.

Den Zuhörern, darunter viele bettelarme Auswanderer aus Südspanien, läuft es eiskalt über den Rücken. So haben sie sich die Mundo nuevo nicht vorgestellt. „Segeln wir zu dieser Insel, capitan?" fragt scheu eine verhärmte Frau. „Keine Angst, señora", beruhigt Lopez, „wo wir anlegen, ist es ziemlich sicher ... zumindest meistens."

Lopez weiß, wovon er spricht: Er ist nun selber Kapitän und erfahren in den Gewässern der Karibik, die ihre Tücken haben. Die gefürchteten tropischen Stürme, die „Hurrikane", wüten vor allem im Spätsommer und Herbst und haben schon manches Schiff verschlungen. Nicht nur die unberechenbare Natur fordert ihre Opfer, schon bedrohen die ersten Piraten die spanischen Galeonen, die die Reichtümer der neuen Kolonien heim ins Mutterland bringen. Zwar ist der Höhepunkt der karibischen Freibeuter, der „Filibuster" und „Bukanier", noch lange nicht erreicht, aber als Vorsichtsmaßnahme sind auf einigen Schiffen bereits Kanonen und kriegserfahrene Söldner. Martin ist einer davon.

Aber die „Santissima Trinidad" ist auch ein Schiff der Hoffnung. Hoffnung für Auswanderer aus den bettelarmen Gebieten von Andalusien, die dem Elend und der Ausbeutung in ihrer Heimat entfliehen wollen. Aber der Weg in die Neue Welt ist teuer erkauft: Die Überfahrt ist für die einfachen Bauern und Taglöhner eine schier unerträgliche Belastung. Hineingepfercht in die qualvolle Enge des dunklen Schiffsbauchs, gepeinigt von der Seekrankheit, geschwächt durch die einseitige Verpflegung wird die Sehnsucht nach festem Land übergroß. Manche werden die Überfahrt wohl nicht überleben. Heilfroh ist man um jede Gelegenheit, die frische Meeresbrise an Deck zu genießen – wenn nicht ein Sturm droht. Dann kommt die übergroße Angst vor dem Ertrinken und vor den angeblichen Untieren des Meeres, geschürt von den redseligen Matrosen.

Da soll es im Atlantik einen „grausamen Fisch" geben, dessen bedrohliche Größe und gräuliches Aussehen ausführlich beschrieben wird. Schwimmer seien eine willkommene Beute für ihn. Auch „Meermenschen" kommen zur Sprache, deren Körper in einem Fischschwanz endet. Nur Wenige hätten sie gesehen, denn sie seien sehr scheu und kämen selten in die Nähe von Schiffen oder an bewohnte Küsten. Die Meerjungfrauen, angeblich von verführerischer Schönheit, wären dazu nicht ungefährlich, denn sie zögen die Männer in ihr

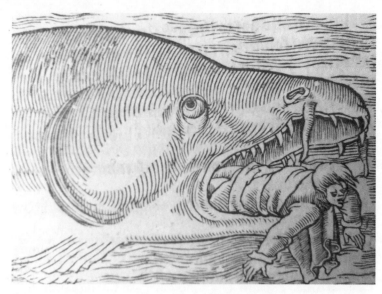

Der „grausame" Meerfisch (Aus: Cosmographey).

nasses Reich und diese ertrinken jämmerlich. Ein Edelmann hätte dem spanischen König ein solches Wesen geschickt, versichern die Matrosen mit treuherzigem Augenaufschlag. Martin will es nicht glauben. Er hat als Landsknecht in Italien ähnliche Geschichten gehört. Im Fluss Mincio, der aus dem Gardasee fließt, sollen „Flussfrauen" zu finden sein. Zur nächtlichen Stunde wagen sich die Mischwesen aus dem Fluss und verzaubern durch anmutige Tänze unvorsichtige Männer. Allfällige Verbindungen endeten tragisch, so berichtete eine alte Bäuerin im Marktflecken Goito dem ungläubigen Tiroler.

Schier unendlich dehnen sich die Wassermassen und eintönig vergehen Tage und Wochen, während das Schiff der untergehenden Sonne folgt. In Zeiten von Flauten ergreifen die Seeleute gerne die Gelegenheit, die Zuhörer mit Geschichten, die immer phantasievoller werden, zu beeindrucken: „Ihr werdet bald merken, die Indios können manchmal

Sagenhafte Meermenschen (Aus: Cosmographey).

gefährlich sein, aber die haben wenigstens eine normale menschliche Gestalt. Da gibt' s in abgelegenen Gebieten In diens ganz andere Geschöpfe. Die haben, wie der Stamm der Monokoler, nur einen Fuß, sind aber trotzdem so schnell, dass man ihnen kaum zu folgen vermag. Wenn es ihnen zu heiß wird, legen die Skiapoden sich auf den Boden und verwenden ihren Fuß als Sonnenschirm. Andere besitzen nur ein Auge oder sind ohne Kopf und haben ihr Gesicht auf der Brust." Die Zuhörer werfen sich ungläubige Blicke zu, aber der Erzähler schwört, dass er sein Wissen von einem glaubwürdigen Freund habe, dessen portugiesischer Freund die Fabelwesen erblickt habe.

Ganz daneben ist der Flunkerer nicht: Tatsächlich stimmt, dass es wagemutigen portugiesischen Seefahrern vor einigen Jahren gelungen ist, südlich von Afrika den Seeweg nach Indien zu finden. Die besagten Wesen hat man allerdings nicht gesichtet, dafür aber die in Europa so begehrten Gewürze.

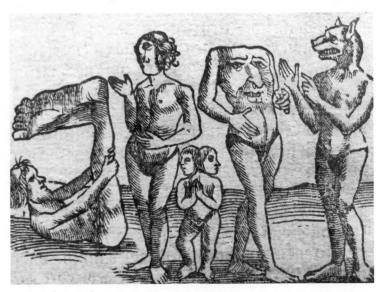

Seemannsgarn: Fabelwesen in Indien (Aus: Cosmographey).

Schiffe auf hoher See.

Ein freundschaftlicher Schlag auf die Schulter und ein „Que tal, amigo?" reißen Martin aus seinen Gedanken. Hinter ihm steht ein gut gelaunter Miguel, Sohn einer armen Bauernfamilie aus Andalusien: „Ich kann Hispaniola kaum erwarten. Bin gespannt, was von den Erzählungen stimmt." Und mit einem sehnsüchtigen Blick Richtung Westen: „Der Schlangenfraß, den wir auf dem Kahn essen müssen, ist nicht mehr zu ertragen. Das Trinkwasser schmeckt wie Schweinepisse. Wir hätten das gute Wasser von La Gomera mitnehmen sollen. Hoffentlich gibt' s auch Weiber in den Kolonien!"

Während der Überfahrt haben sich Martin und Miguel angefreundet. Die beiden jungen Männer sind etwa gleich alt und können bereits von einem bewegten Vorleben berichten. Martin ergreift gerne die Gelegenheit, durch ausführliche Gespräche sein mangelhaftes Spanisch, aufgeschnappt in Italien von spanischen Kriegsknechten, verbessern zu können.

Der Fall von Granada 1492.

Miguel erzählt von der milden Herrschaft der arabischen Mauren, die endgültig mit dem Fall der Stadt Granada 1492 zu Ende ging. Die „Reconquista", die christliche Rückeroberung Spaniens, hat für die Landbevölkerung des hitzeflirrenden Südens keine Verbesserung gebracht. Die maurischen Emire wurden vertrieben, die spanischen Edelleute und die Kirche haben die großen Ländereien übernommen und beuten die geplagten Bauern nach Kräften aus. Die Lebensumstände sind erbärmlich, als dritter Sohn sind Miguels Aussichten düster, wären da nicht die Verheißungen der mundo nuevo. Selbst in das armselige Dorf Miguels drangen die Gerüchte von den Wundern der neu entdeckten Ländereien jenseits des großen Ozeans. Die Kunde von den Reichtümern der Eingeborenen weckt viele Sehnsüchte.

In einer zwielichtigen Kneipe im Hafen von Sevilla hatte der ungebildete Bauernbursch mit offenem Mund den Erzählungen eines alten Matrosen gelauscht. Der hatte von „El Dorado" berichtet, einem goldübersäten Herrscher in einem Wunderland voll Gold, das irgendwo in den Urwäldern der Neuen Welt liegen soll.

Martin ist da skeptischer: „Alles wird wohl nicht stimmen, was man so hört. Ich bin schon froh, wenn wir für unsere Dienste den vereinbarten Sold bekommen."

Martin und Miguel zählen trotz ihrer Jugend zu einer Gruppe von bereits kriegserfahrenen Söldnern, die sich für den Einsatz in der Karibik haben anwerben lassen. Martin erinnert sich noch genau, wie es dazu kam:

Nach seiner Flucht aus Tirol hat es ihn auf Ratschlag seines Vaters zu den Landsknechten verschlagen, für die in den Kleinstaaten und Städten Italiens mit ihren Dauerkonflikten immer Verwendung ist. Martin lernt schnell mit dem „Katzbalger", dem Landsknechtsschwert, umzugehen, mit einem langen Spieß reiht er sich ein in die Formationen der Gewalthaufen. Bald hat er einen guten Ruf als tapferer Kämpfer, der von den wechselnden Kriegsherren sehr geschätzt wird. Aber tief im Inneren ist er unzufrieden und Heimweh nach den Tiroler Bergen bleibt sein ständiger Begleiter. Auch die strahlenden blauen Augen der Hüttenmeisterstochter Agnes gehen ihm nicht aus dem Sinn. Der junge Tiroler bleibt ein Zerrissener und Suchender.

Soll er sich in unbekannte Gefilde wagen? Am Lagerfeuer bei Siena, nach einem der zahllosen Scharmützel, die Italiens Geschichte prägen, hört er zum ersten Mal von den verlockenden Möglichkeiten, die sich für tapfere Männer im Dienste der spanischen Krone auftun. Ein narbenbedeckter Krieger aus Aragon hatte Martin mit seinen Erzählungen fasziniert: „Was willst du dir hier für irgendwelche Condottieres oder städtische Pfeffersäcke deinen Schädel einschlagen lassen, compagnero? Ich bin dafür schon zu alt, aber glaub' mir, die Zukunft für einen wagemutigen jungen Mann liegt jenseits des großen Meeres!"

Es kämpfen viele Spanier unter wechselnden Kriegsherren auf den Schlachtfeldern im unruhigen Italien. Als sich eine Gruppe Richtung Heimat verabschiedet, zieht Martin mit ihnen in das ferne Land jenseits der Pyrenäen. Die Spanier begrüßen ihn gerne in ihren Reihen, denn er hat Don Fernando, ihrem verehrten Capitan, bei den Kämpfen zwischen Ferrara und Bologna das Leben gerettet.

Die Schiffsreise nach Spanien hat Martin in schlechter Erinnerung. Die spanischen Heimkehrer hatten in Genua eine große Galeere bestiegen, eine im Mittelmeer noch immer weit verbreitete Schiffsform. Nach einigen Tagen begab er sich neugierig hinunter in den Bereich der Ruderer und erschrak über die Ansammlung menschlichen Elends. Im stickigen Halbdunkel erblickte er unzählige angekettete Ruderknechte, hohläugig, ausgezehrt und in zerfetzter Kleidung. „Die brauchen euch nicht leid zu tun, junger Krieger", bemerkte ein Wachmann grimmig, „die Hälfte sind gefangene

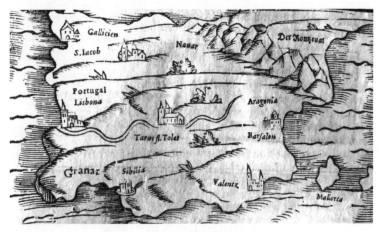

Landkarte „Hispania" (Aus: Cosmographey)

Türken und Sarazenen; und die anderen Ruderer sind wegen schwerer Verbrechen hier." Und ein anderer Aufseher ergänzte: „Hier unten sind alle gleich. Da schwitzt ein Bürger neben einem Bettler, ein Edelmann neben einem Diener, ein Meineidiger neben einem Mörder. Alt werden sie sowieso nicht …"

Weitere Erinnerungsbilder drängen sich auf: der anstrengende Ritt von Valencia über die heiße Hochebene Richtung Madrid und weiter auf der alten Handelsstraße nach Sevilla. Die große Stadt ist überragt von ihrem Wahrzeichen, der eindrucksvollen „Giralda". Das sei früher der Gebetsturm einer großen Moschee der Mauren gewesen, erklärt ein Einheimischer dem staunenden Tiroler. Und er zitiert stolz ein gängiges Sprichwort: „Wenn Gott Einen liebt, so lässt er ihn zu Sevilla wohnen." Selbst bei einem kurzen Aufenthalt ist der Reichtum der Stadt unübersehbar, die spanische Krone hat Sevilla das Handelsmonopol für die Neue Welt verliehen. Ein kleiner Junge, schmutzstarrend und in ärmlicher Kleidung, zupft an Martins Wams: „Wollt Ihr die neue Kathedrale sehen, Señor? Ich führe Euch hin." Sein Interesse ist geweckt und staunend steht er vor dem eindrucksvollen

Gotteshaus „Santa Maria de la Sede", das erst vor drei Jahren vollendet wurde. Der gewaltige Innenraum mit seinen himmelsstürmenden gotischen Säulen lässt den Tiroler erschauern. Gern überlässt er dem dankbaren Jungen einige Kupfermünzen. Der weicht nicht mehr von seiner Seite und bringt ihn zum Turmaufgang.

Der Blick von der Höhe der Giralda auf die Stadt ist atemberaubend. Der breite Aufgang ermöglicht sogar die Besteigung hoch zu Ross, was die spanischen Granden und ihre Damen weidlich nutzen. „Der Muezzin soll auf einem Esel hinaufgeritten sein, um die Moslems zum Gebet zu rufen", weiß der Bub zu berichten.

Gern wäre Martin länger in dieser faszinierenden Stadt geblieben. Aber bald kommt der Abmarschbefehl, es geht zum geschäftigen Hafen von Cadiz. Dort ankern die hochbordigen Galeonen und Karavellen, die hoffnungsvolle Auswanderer und die Söldner in die Neue Welt bringen.

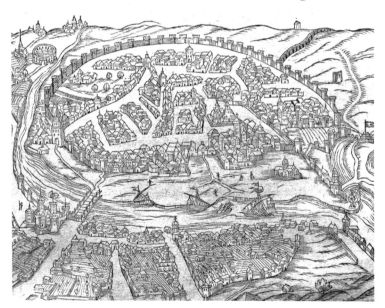

Die reiche Stadt Sevilla (Aus: Cosmographey)

Spanischer Edelmann

6. UNTER DER SONNE DER KARIBIK

Dienst in Puerto Plata,
Sommer 1522

Vom Ausguck am Hauptmast ertönt endlich der ersehnte Ruf „Tierra, tierra!" und nicht nur Martin und Miguel jubeln. Eine gefahrvolle und mühselige Überfahrt hat ein gutes Ende gefunden. Das Reiseziel ist erreicht, es ist die geschäftige Hafenstadt Puerto Plata an der Nordküste. An der Hafeneinfahrt drohen die Kanonen der gerade fertig erbauten „Fortaleza San Felipe". Dort werden Martin und Miguel mit ihren Kameraden vom Befehlshaber der Garnison empfangen, einem Urbild eines spanischen Granden. „Das ist Don Alonso, Marques de Miranda", flüstert ein alter Söldner den Neuankömmlingen zu, „der stammt aus einer bekannten Grafenfamilie. Weil er aber der vierte Sohn ist und trotz seines ehrwürdigen Namens im Königreich Hispania wenig Möglichkeiten hat, ist er wie so viele überzählige Adelige in die

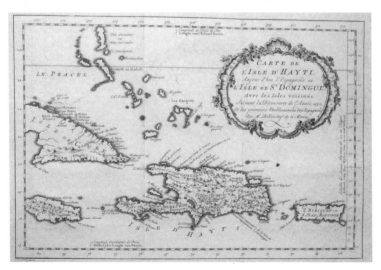

Karte von Haiti und Santo Domingo

Kolonien gegangen." Don Alonso heißt sie als Verstärkung der Garnison willkommen, befragt sie über ihre bisherigen kriegerischen Erfahrungen und spricht über die Aufgaben: „Hombres! Die spanische Krone braucht dringend tapfere Kämpfer, die in der Stadt und ihrer Umgebung für Ordnung sorgen. Es haben sich viele lichtscheue Elemente hier breit gemacht, die nächtlichen Straßen sind unsicher geworden. Außerdem kann man den Tainos nicht mehr trauen, die sind uns durchwegs feindlich gesinnt."

Den Grund dafür übergeht Don Alonso, aber die Neuankömmlinge haben bei der Überfahrt von Kapitän Manuel Lopez bereits einiges vom Leidensweg der Indios erfahren: Zunächst waren diese den spanischen Konquistadoren gut gesonnen gewesen – „unschuldig und freigiebig" notierte Kolumbus in seinem Tagebuch – und mussten einen entsetzlichen Preis dafür zahlen.

Tainos unter „Tyranney der Spanier"

Sklaven verarbeiten Zuckerrohr und machen Zucker.

Das große Sterben der Tainos begann: ungewohnte europäische Krankheiten wie Pocken und Masern, die Zwangsarbeit in den neuen Plantagen, mörderische Feldzüge und hinterlistige Massaker der Spanier verringerten die Zahl der Ureinwohner radikal und machten für die wenigen Überlebenden das Leben zur Hölle.

Von ihm spricht man auch in Puerto Plata: Der Dominikanerpater Antonio de Montesino war ein „einsamer Rufer in der Wüste". In einer aufrüttelnden Predigt hatte er 1511 gegen die unmenschliche Behandlung der Indios protestiert, aber niemand wollte auf ihn hören.

Die Kunde vom entsetzlichen Leidensweg der Ureinwohner erreichte auch das alte Europa. Ein zeitgenössischer deutscher Geograph notiert: „Indianer können der Spanier Tyranney nicht länger leiden / erwürgen sich selb. Als die

Eynwohner der Insel Hispaniola sahen / daß sie mit ewiger unentlicher arbeit und peinigung undertruckt waren und des elends kein ende war / schrien un wehklagten sie hefftig und wünscheten inen selbs freiwillig den Todt …"

Martin fällt auf, dass der adelige Offizier der Einzige ist, der noch die spanische Hochsprache, das „castilliano", verwendet. Schon das Spanisch der Schiffsbesatzung und in den Kolonien war viel rauer ohne die lispelnden Laute Kastiliens. Eine Herausforderung für den Tiroler, der sich erst an die unterschiedlichen Mundarten Spaniens gewöhnen muss. Diese Dialektvielfalt erinnert Martin an seine Heimat. Grinsend erzählt er: „Miguel, mi amigo. Du glaubst es kaum, aber da wo ich herkomme, versteht man die Bewohner des nächsten Tals fast nicht mehr." Und er denkt dabei an das Zillertal, dessen Bewohner eine sehr eigenständige Mundart pflegen.

Während seiner launigen Worte überfällt ihn hinterrücks das Heimweh nach seiner fernen Alpenheimat. Wie mag es wohl seinem umtriebigen Vater, seiner besorgten Mutter und den geliebten Schwestern gehen? Und er spürt eine unbestimmte Sehnsucht nach Agnes, die sich in seiner Erinnerung immer mehr verklärt. Miguel spürt die trübselige Stimmung seines Freundes und will ihn auf andere Gedanken bringen: „Arriba, mi amigo! Heute haben wir noch dienstfrei und können uns die Stadt ansehen."

Die beiden jungen Männer schlendern durch eine frühe spanische Kolonialstadt mit rechtwinklig sich kreuzenden Gassen und einer Plaza central, an der sich die Kirche San Isidoro erhebt. Der weitläufige Platz ist ungewöhnlich belebt wegen des wöchentlichen Marktes und ein buntes Völkergemisch füllt den Platz zwischen den bescheidenen Marktständen. Zur spanischen Kolonialbevölkerung gesellen sich Europäer aus aller Herren Länder – sogar deutsche Worte sind zu vernehmen. Scheu drängen sich einige wenige Ureinwohner, die Tainos, in den Schatten der weißen Häuser.

Eine Gruppe von afrikanischen Sklaven, streng bewacht von Aufsehern mit Peitsche, trottet mit gesenktem Haupt über den Platz. „Die armen Teufel arbeiten in den Zuckerrohrplantagen vor der Stadt", weiß Miguel, „die sind dafür besser geeignet als die eingeborenen Tainos. Die sind in den Plantagen massenweise gestorben." Und Martin erinnert sich: „Bei der Überfahrt war kurz ein Sklavenschiff in unserer Nähe, das war vielleicht ein alter Kahn. Und da sind einige Leichen vorbeigetrieben – ob die alle schon tot waren, als man sie kurzerhand über Bord warf? Die Portugiesen machen jedenfalls gute Geschäfte mit den Sklaven aus Afrika."

Misstrauisch betasten und kosten die jungen Männer unbekannte Nahrungsmittel. Noch haben Mais, Ananas, Erdnüsse, Kürbis und Tomaten ihren Siegeszug im alten Europa nicht angetreten. Ein unbekannter Geruch dringt in ihre Nasen: in einer Seitengasse hat sich vor einer Bodega eine Gruppe äl-

Ausbeutung der Tainos

109

terer Spanier zusammengefunden. Mit grenzenloser Verwunderung beobachten sie die ersten Raucher und beäugen die Tabakblätter. „Das machen die Indios schon lange", erklärt ein Veteran aus der munteren Raucherrunde, „und wir haben das übernommen. Probiert es mal …"

Brandschatzung und Morde durch die Eroberer.

Bergabenteuer an der Nordküste
Jänner 1523

Unübersehbar ist der Berg, der sich in beherrschender Lage bald hinter der südlichen Stadtgrenze erhebt. Seine markante Form beherrscht die Bucht von Puerto Plata. Hinter den großen Zuckerrohrplantagen, aus denen der traurige Gesang der afrikanischen Sklaven ertönt, steigt das dicht bewaldete Gelände an. Der Berg erinnert Martin trotz seiner geringen Höhe schmerzlich an die Gebirge seiner fernen Heimat Tirol.

Aber allein will er die Besteigung nicht wagen, so wendet er sich an den überraschten Freund: „Traust du dich, Miguel? Begleitest du mich? Ich will mir die Gegend einmal von oben ansehen ..." Miguel ist davon zunächst gar nicht angetan und tadelt Martin: „Du bist verrückt! Kein normaler Mensch will da hinauf; selbst die Indios meiden den Berg, weil dort oben mächtige Geister hausen sollen. Aber was red' ich, es nützt eh nichts, ich kenn' dich inzwischen als Dickschädel."

Wie erwartet, beeindrucken seine Einwände Martin nicht. Der ist schon als kleiner Junge zum Leidwesen seiner besorgten Eltern mit ortskundigen Hirten auf die noch unerschlossenen Berge geklettert. Er ist wohl einer der Wenigen, die bereits den romantischen Irdeiner See im Sonnwendgebirge erblickt haben. Die Warnungen seines Begleiters, eines Schafhirten, der den Bergsee als Treffpunkt von tückischen Hexen bezeichnet hatte, haben ihn schon in jungen Jahren nicht geschreckt. Außerdem ist er mit seinem Vater zu den immer höher liegenden Mundlöchern der Bergwerke aufgestiegen.

Miguel gibt nach und lässt sich, gutmütig wie er im Grunde ist, zur Teilnahme überreden. Auch treibt ihn die Neugier und er will seinen Freund nicht im Stich lassen.

Der 11. Jänner 1523 ist für beide Freunde ein dienstfreier Sonntag und der Feiertag des Hl. Hyginus. Noch graut erst der Morgen, nach dem Besuch eines frühen Gottesdienstes, den ein halb verschlafener Mönch vor wenigen Gläubigen zelebriert, wagen sich Martin und Miguel an das Abenteuer. Sie sind nur leicht bewaffnet, haben etwas Proviant dabei und tragen feste Lederschuhe. Die brauchen sie auch dringend, denn mühselig plagen sich die Freunde über die steilen Hänge nach oben. Martins Erfahrungen aus den Bergen seiner Heimat sind nun sehr hilfreich und mehrfach unterstützt er mit festem Griff seinen Freund beim Überwinden von gefährlichen Steigungen.

Die besorgten Blicke Miguels in die gähnende Tiefe sind Martin nicht entgangen und bei einer Zwischenrast erheitert er Miguel mit einer bekannten Geschichte aus Tirol. Diese handelt vom jagdbegeisterten Kaiser Maximilian, der sich bei einer Gämsenjagd in der Martinswand bei Innsbruck verstiegen hatte: „Der Kaiser wollte die Gämse mit einem langen Spieß wie üblich aus der Wand stechen. Dazu musste er nahe an das Wild herankommen. Er hat dabei zu wenig auf das Gelände geachtet, konnte nicht mehr nach vorn oder zurück", berichtet Martin grinsend, „und war mitten in der Felswand gefangen – und die Gämse ist ihm auch entkommen. Eine peinliche Lage für den Kaiser des Heiligen Römischen Reichs! Wäre da nicht ein ortskundiger Hirte zu ihm gestiegen – manche behaupten, es sei ein Engel gewesen – hätte es für Maximilian böse enden können. Das wird uns nicht geschehen. Weiter geht' s, Miguel!"

Es ist zwar tropischer „Winter", aber die Sonne brennt unbarmherzig auf die einsamen Wanderer, wenn sie das schützende Blätterdach der üppigen Vegetation verlassen. Die tropische Schwüle auf Meereshöhe weicht aber zunehmend einem milderen Klima, trotzdem sind die Freunde schweißüberströmt, als sie den Gipfel erreichen.

Den wagemutigen jungen Männern ist ein klarer Tag vergönnt, denn häufig ist der Berg nebelverhangen. Von einem baumfreien Felsvorsprung bietet sich ein umfassender Blick auf die nördliche Küstenzone, die die Spanier als „Costa de Ambar" (Bernsteinküste) bezeichnen. Vergnügt teilen sie ihren Proviant und trinken Rum aus den Lederflaschen. Vor ihnen liegt das Hafenbecken und die junge Stadt Puerto Plata, westlich davon ist im gleißenden Sonnenlicht des Tropentages die Siedlung La Isabella zu erkennen. Irgendwo an dieser Küste vermutet man eine geheime Bucht, die ein gefürchteter Pirat, der sich Cofresi nennt und eigentlich ein entsprungener deutscher Häftling ist, als Versteck und Stützpunkt benützen soll.

Der Abstieg erweist sich schwieriger als gedacht, erforfert viel Zeit und die jungen Männer geraten in unbekanntes

Eingeborene bewundern in der Bucht das Schiff der „Götter".

Revier. Vor aggressiven Wildtieren ist nichts zu befürchten, von solchen ist die Insel fast verschont geblieben. Nur einige Schlangen und „el cienpiés", wie die Spanier den Hundertfüßer nennen, sind zu meiden. Der kann bis zu 30 cm lang werden, sein Biss ist auch für Menschen sehr schmerzhaft. „Unsere Hühner werden mit ihm leicht fertig. Für die ist das Vieh ein Festmahl", bemerkt Miguel scherzhaft.

Düstere Rituale im Busch
Jänner 1523

Die Nacht bricht sehr schnell herein in den Tropen und der Weg zurück in die Garnison erscheint endlos. Ein heller Vollmond streut sein silbriges Licht über Baum und Busch und beleuchtet einen kaum erkennbaren Indiopfad, von dem sie hoffen, dass er in Richtung Puerto Plata führt.

Schon lange begleiten sie dumpfe Trommeltöne, deren Ursprung sie trotz klopfenden Herzens zu ergründen suchen. Sind das etwa die Berggeister, von denen die Indios heillose Angst haben? Oder treffen sie auf Tainos, dann ist äußerste Vorsicht geboten. Die Indios sind schon seit Jahren keine Freunde der spanischen Kolonisten mehr, die Ureinwohner haben einen entsetzlichen Preis für ihren engen Umgang mit den Europäern zahlen müssen. Feuerschein leuchtet in der Ferne und vorsichtig schleichen sie näher. Von einer kleinen Anhöhe, wohl verborgen hinter dichtem Gebüsch, spähen sie hinunter auf ein schockierendes Schauspiel:

Schwarze Sklaven beiderlei Geschlechtes, fast nackt die Frauen, schweißüberströmt die Männer, bewegen sich zuckend um ein hell flackerndes Feuer, angetrieben vom aufpeitschenden Rhythmus der Trommeln. Schier unermüdlich umtanzen sie rätselhafte Gegenstände, bei denen sich heidnische und christliche Symbole mischen. „Das sind ihre verfluchten Gebräuche, die sie aus Afrika mitgebracht haben", flüstert Miguel seinem Freund zu, „davon habe ich schon wilde Geschichten gehört. Die Morenos sind zwar getauft und die Mönche haben betont, dass sie als Menschen zu betrachten sind. Das haben sie uns in der Fortaleza erklärt." Beide bekreuzigen sich mehrfach. Martin kann seine Augen nicht vom düsteren Schauspiel abwenden: „Da war die Taufe nutzlos! Was die da treiben, so ungefähr stelle ich mir einen Hexensabbat vor! Das dürfen die frommen Patres nicht wissen, die wären entsetzt!"

Inzwischen hat sich der Rhythmus der Trommelschläge geändert und eine beklemmende Stimmung macht sich auf der Waldlichtung breit. Der können sich auch die beiden verborgenen Beobachter nicht entziehen. Das Feuer bewirkt unheimliche Schatten auf dem umgebenden Gebüsch. Das Wesen der Tänzer verändert sich, als ob eine fremde Kraft von ihnen Besitz ergriffe. Eine schreckenserregende Gestalt tanzt in den Mittelpunkt des Menschenkreises. „Das muss ihr Zauberpriester sein. Den nennen sie Houngan", weiß Miguel zu berichten.

Der muskulöse Houngan bewegt sich wie in Trance. Seine verzerrten Gesichtszüge ähneln durch weiße Bemalung einem Totenkopf und der reale Tod ist nicht fern. Er ist einem ängstlich blökenden Zicklein bestimmt, das sich vergebens gegen das Seil stemmt. Ein schneller Schnitt durch seinen Hals lässt helles Blut sprudeln, mit dem sich der Zauberpriester beschmiert.

Abermals steigern die Trommeln ihren Rhythmus, immer mehr Tänzer wälzen sich am Boden und haben Schaum vor dem Mund. Andere vereinen sich mit den entfesselten Tänzerinnen zu einem archaischen Liebesspiel am Rande der Tanzfläche. Selbst die beiden verborgenen Beobachter spüren mit Schaudern unerklärliche Kräfte, die auf die Sklaven einwirken und zu einer drastischen Persönlichkeitsveränderung führen. „Was geht da vor?" flüstert Martin fassungslos „Ein Sklave hat mir vor einigen Tagen unglaubliche Dinge verraten. Ihre Zauberer können dir auch von Ferne Schaden zufügen und sollen sogar Tote wieder auferstehen lassen. Die magisch wieder belebten Leichen müssen als willenlose Wesen auf den Plantagen arbeiten."

Martin und Miguel ziehen sich vorsichtig zurück, denn die aggressive Stimmung der Tanzenden lässt nichts Gutes erahnen und gegen die große Zahl haben die beiden Söldner mit ihrer leichten Bewaffnung nicht die geringste Chance. Noch ganz benommen vom grausigen Geschehen und uneingestanden auch erregt von der animalischen Sinnlichkeit streben sie der Küste und den flackernden Lichtern Puerto Platas zu: „Hast du das auch gespürt? Es war, als ob böse Geister da gewesen wären. Das war das Unheimlichste, was wir jemals erlebt haben!" und beide bekreuzigen sich abermals.

Schweißgebadet erreichen sie ihre Unterkunft neben der Festung und werden vom diensthabenden Offizier äußerst ungnädig empfangen: „Ihr Halunken seid gerade noch rechtzeitig gekommen! Ich will gar nicht wissen, bei welchen feilen Weibern ihr gewesen seid." Die beiden Spätheimkehrer hüten sich, von ihren aufwühlenden Erlebnissen zu berichten und stehen stramm zum Empfang der Befehle. „Morgen ist jedenfalls ein harter Tag für euch: die Tainos haben im Hinterland eine Farm überfallen und alle spanischen Kolonisten hingemetzelt. Wir wissen, aus welchem Dorf die farbigen Teufel stammen und werden eine Strafexpedition starten!" und abschließend: „Abmarsch um 6 Uhr früh! Voll gerüstet und bewaffnet! Hasta mañana!"

Eingeborene beim Zubereiten von Fischen.

Massaker im Hinterland

Massaker im Hinterland
Batay Bunatu, Jänner 1522

Mühselig bewegt sich eine lange Kolonne durch das tropische Gebüsch abseits der Küste. Geführt von einheimischen Tainos, deren Willen durch den Branntwein gebrochen wurde, dringt der Heerwurm in das Stammesgebiet der Indios ein. Großer Widerstand ist nicht mehr zu erwarten, nachdem der letzte Aufstand der Indios unter dem Kaziken Guarocuya – die Spanier nennen ihn Enriquillo – brutal niedergeschlagen wurde.

Trotzdem bleiben die Soldaten auf der Hut und haben ihre Waffen griffbereit. Die Hitze setzt den Spaniern in ihren wattierten Jacken und den Harnischen stark zu, der Schweiß rinnt in Strömen. Ein starker Trupp Arkebusiere schleppt die schweren Feuerrohre durch den unwegsamen Feuchtwald.

Martin und Miguel haben sich für den Vortrupp einteilen lassen. Vorsichtig nähern sie sich dem Dorf Bunatu, das scheinbar friedlich in einer Lichtung liegt. Am Waldrand halten sie erstaunt inne: Von der Ansiedlung scheint wenig Bedrohung auszugehen, einige wenige Frauen und Kinder sind zu sehen. Misstrauisch blicken sich die Freunde an: „Wo sind die Männer?" Plötzlich Gefechtslärm und Geschrei aus dem Wald. Ein verwundeter Soldat, der zu ihnen stößt, gibt atemlos und geschockt Auskunft: „Wir sind in eine Falle der Indios gelaufen, trotz aller Vorsicht. Die dunklen Teu-

Spanischer Arkebusier

fel haben die Hauptkolonne durch einen Pfeilregen aus dem Busch überrascht und uns böse Verluste zugefügt. Wir fürchten, dass die Pfeilspitzen vergiftet sind. Wir konnten im Dickicht unsere Waffen nur wenig einsetzen, die Arkebusiere haben zunächst kein Ziel gefunden." Dann, berichtet der Soldat weiter, wären die Tainos mit dem Mut der Verzweiflung über die Soldaten hergefallen und nun wendete sich das Blatt. Ein blutiges Gemetzel an den schlecht bewaffneten Inselbewohnern begann und nur wenige konnten sich wieder in den schützenden Wald retten.

Die einheimischen Führer sind wie vom Erdboden verschluckt, als sich die spanischen Söldner mit dem Schlachtruf „Santiago!" rachedurstig auf das Dorf stürzen. Niemand wird verschont, auch nicht Frauen und Kinder, die Söldner sind der Befehlsgewalt ihrer Offiziere entglitten. Blut fließt in Strömen. In Todesnot zuckende Eingeborene bedecken den Boden. Auf die Vorhaltungen Martins erklärt ein Offi-

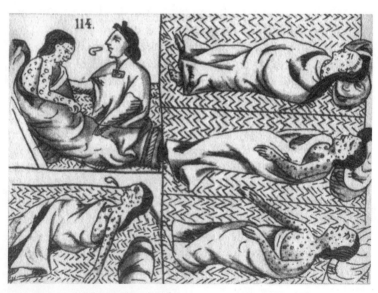

An Pocken erkrankte Indianer.

zier achselzuckend: „Die Indio-Hunde haben nichts Besseres verdient; hätten sie uns nicht heimtückisch überfallen!"

Als die ergrimmten Krieger in die armseligen Hütten eindringen, prallen sie entsetzt zurück. Es ist ein Dorf der Toten, das sie erobert haben. Überall liegen Leichen, verstorben durch eine mörderische Masern-Epidemie.

Der letzte Kampf tobt um die größere Hütte des Kaziken, so nennen die Indios ihren Häuptling. Todesmutig werfen sich die restlichen Indiokrieger auf die schwer bewaffneten Spanier und fallen bis auf den letzten Mann. Fast wäre auch der von mehreren Indios schwer bedrängte Capitan Fernando unter den Gefallenen gewesen, hätte ihn nicht Martin mit gewaltigen Schwertstreichen gerettet.

In der Hütte des Kaziken findet Martin auf einer Liege überrascht ein Mädchen mit fast überirdischer Schönheit, aber auch das ist schon an der Schwelle vom Leben zum Tode. Das muss die vielgerühmte Häuptlingstochter Anacoana sein, die noch furchtlos auf den Eindringling blickt. Aber das Mädchen ist schon nicht mehr von dieser Welt, dann schließen sich ihre Augen. Die junge Frau stirbt an einer von den Europäern eingeschleppten Krankheit – wie unzählige Indios der Karibik. Betreten blickt der verschwitzte und blutbespritzte Tiroler auf die Tote. Tief erschüttert fragt er sich nach der Sinnhaftigkeit seines Tuns.

Kreidebleich gibt Capitan Don Fernando den Befehl zum Rückzug. Zurück bleiben die rauchenden Trümmer einer ehemals belebten Ansiedlung. Der Boden ist übersät von Leichen. Es ist totenstill …

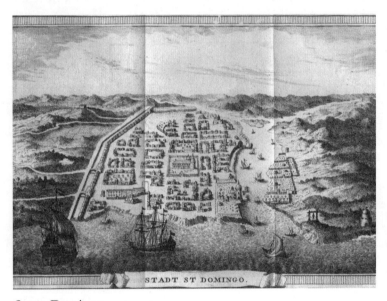

STADT ST DOMINGO.

Santo Domingo

In der Inselhauptstadt Santo Domingo
Herbst, Winter 1523/24

Martins Ruf als tapferer und aber auch umsichtiger Soldat bleibt seinen Vorgesetzten nicht verborgen. Als der Capitan general auf dem Kriegsschiff „Santo Pedro" in die neue Hauptstadt Santo Domingo reist, will er den wackeren Tiroler in seiner militärischen Begleitung nicht missen. Der Abschied von Miguel ist kurz, denn noch rechnet Martin mit seiner baldigen Rückkehr an die Nordküste. Die „Santo Pedro" umrundet die Insel in östlicher Richtung; vom stahlblauen Wasser des Atlantiks kommend steuert das Schiff in das grünliche karibische Meer. Die Freibeuter hüten sich vor einem Angriff auf die wohlbewaffnete Galeone, auch die gefürchteten Herbststürme, die zerstörerischen Hurrikane, ziehen dieses Mal weiter nördlich über den Ozean. Zur Erleichterung aller bleibt man von Menschen und Natur bis zur Ankunft in Santo Domingo unbehelligt.

Schiffsverkehr in der Karibik

Die belebte Ansiedlung im Mündungsbereich des Rio Ozama hat Puerto Plata schon lange überflügelt. Der günstig gelegene Hafen ist von Schiffen überfüllt. Er ist ein Sprungbrett zu den übrigen Inseln der Karibik und zum Festland im Süden und Westen. Die quirlige Stadt ist voll von Gerüchten über den Goldreichtum in den neu entdeckten Gebieten. Viele junge Männer, aber auch Frauen, sind entschlossen, dem Ruf des Goldes zu folgen und wollen die Insel verlassen. Auch Martin spielt mit dem verlockenden Gedanken, aber ein zufälliges Treffen sorgt für Ernüchterung. In einer überfüllten Hafenkneipe gesellt sich zum Tiroler ein – so will es Martin scheinen – uralter Zecher.

Der nennt sich zunächst Juan, aber sein Akzent verrät schnell seine deutsche Herkunft. So wechseln beide erfreut in ihre Muttersprache. Johann Stöcklhuber stammt von einem Bauernhof in Pittenhart nahe Endorf in Bayern und wollte unbedingt mehr von der Welt sehen: „Das habe ich schwer bereut, denn ich habe grauenvolle Dinge erlebt. Ich bin nämlich nicht so alt, wie ich aussehe. Lass dir erzählen, Martin, du bist ja fast noch ein Landsmann. So lange seid ihr Inntaler noch nicht bei Tirol und du verstehst mich gut. Mein Schicksal soll dir eine Warnung sein!"

Der biedere Bayer hatte sich, verführt von der Gier nach Gold, als Soldat dem ersten Feldzug unter dem Konquistador Hernán Cortés gegen das Aztekenreich im Hochland von Mexiko angeschlossen. Johann leidet noch immer unter den grauenvollen Erlebnissen: „Unser Feldzug hat zunächst recht gut begonnen, wenn wir auch einige harte Auseinandersetzungen mit den Indios an der Küste hatten. Wir waren zwar nicht sehr viele, aber mit unseren Stahl- und Feuerwaffen waren wir den Eingeborenen weit überlegen. Außerdem hatte sie schreckliche Angst vor unseren Pferden – solche Wesen hatten sie noch nie gesehen. Ein Stamm, die Tlaskalteken, hat sich mit uns sogar verbündet."

Nach einem tiefen Schluck fährt der Bayer fort: „Cortés hatte ein Indiomädchen namens Malinche – wir nannten sie Doña Marina – als Geliebte. Die war ein Glücksfall für uns, denn sie beherrschte die Sprachen der Küstenindios und auch das Nahuatl-Idiom der Azteken; auch Spanisch hat sie schnell gekonnt." Kurzfristig bessert sich die Laune Johanns und die Stimme wird weicher: „Was soll ich Dir sagen; auch wir einfachen Soldaten sind von den Eingeborenen beschenkt worden. Die Kaziken, das sind die Stammesführer, haben uns Mädchen geschickt. Ich hatte eine schöne Zeit ..., aber das hat ein böses Ende genommen."

Dann wird der Erzähler wieder ernst: „Wir wurden leichtsinnig und sind ins Landesinnere gezogen, hinauf ins Reich der Azteken. Lange haben die geglaubt, wir seien „Teotl", das sind Götter, weil es eine Prophezeiung gegeben hat, dass ihr Hauptgötze Quetzalcoatl einmal zurückkehren soll. Der soll bärtig gewesen sein, so haben wir uns lange Bärte wachsen lassen. Die Indios hingegen sind bartlos. Es war mehr als verwegen, aber wir haben uns trotz unserer geringen Zahl sogar in ihre Hauptstadt gewagt ..."

Nun beginnt die Stimme zu zittern: „Tenochtitlán war eine wunderbare Stadt, in Europa soll es nichts dergleichen geben, haben mir ältere Kameraden versichert. Wir fühlten uns wie im Paradies! Wir wurden überreich beschenkt, mit willigen Frauen abgelenkt und hätten darüber fast vergessen, dass wir eigentlich gekommen waren, dieses Reich für Spanien zu erobern. Ich habe immer noch die Predigten unserer empörten Feldpatres Juan Diaz und Alonso Olmedo im Ohr, die unsere Fleischeslust verdammten und verlangten, dass unsere Gefährtinnen wenigstens getauft werden sollten."

Nach einem weiteren Schluck fährt Johann fort: „Aber das Lotterleben war nicht von Dauer und die große Stadt wurde für uns zur tödlichen Falle, als die Azteken unsere Feinde wurden. Plötzlich saß unser kleines Häufchen inmitten von tausenden rachelüsterner Azteken. Da nützten uns die besseren Waffen auch nichts mehr. Es war Wahnsinn, aber angesichts unserer kleinen Zahl hätten wir die Indios nicht reizen dürfen! Ihre grauenhaften Menschenopfer auf den großen Tempeln hätte uns warnen müssen, aber unsere verfluchte Goldgier war stärker! Bei ihrem Frühlingsfest haben wir sie heimtückisch überfallen. Das war ein tödlicher Fehler und hat ihre religiösen Gefühle zutiefst verletzt! Noch dazu ist ihr Herrscher Moctezuma, der vermitteln hätte können, in unserer Gefangenschaft gestorben."

Johann schildert in bewegten Worten die verhängnisvolle „Noce Triste", als er und seine Kameraden, schwer beladen mit Aztekengold, aus der feindlichen Stadt fliehen mussten. Bei den blutigen Straßenkämpfen und an den Brücken erlitten die Konquistadoren schreckliche Verluste: „Mein Freund

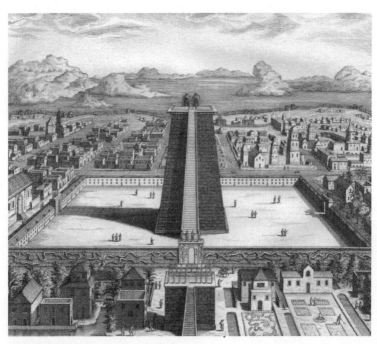

Tenochtitlan, der Templo mayor

Menschenopfer

Pedro und ich hatten eine Horde wilder Krieger gegen uns. Es ging um Leben und Tod. Ein Keulenhieb hat mir die halbe Brust aufgeschlitzt" er zeigt Martin die Narben „aber ich bin ihnen knapp entkommen. Das Gold habe ich gerne fallen gelassen." Und nach einem tiefen Seufzer mit nassen Augen: „Mein armer Freund Pedro ist in Gefangenschaft geraten, den erwartete ein grauenvoller Tod. Die Indioteufel haben ihn auf den Templo mayor geschleppt und dort ihrem Kriegsgötzen geopfert – aber wie." Fast bricht dem hartgesottenen Veteranen die Stimme: „Pedro wurde bei lebendigem Leib das Herz aus der Brust geschnitten! Er war nicht der einzige Kamerad, dem das widerfahren ist. Ich habe es vom Dach eines nahen Hauses gesehen … und – ich kann es kaum selber glauben – die Indios sollen die Körper danach gegessen haben!"

Der Bayer beginnt zu weinen, überwältigt von den peinigenden Erinnerungen: „In dieser Schreckensnacht sind meine Haare weiß geworden. Wir Überlebenden sind Hals über Kopf nach Tlaxcala geflüchtet, wo wir uns nur langsam erholt haben. Ein Jahr später ist Cortés wieder mit einer starken Truppe gegen Tenochtitlán gezogen. Diesmal war er siegreich und hat die Stadt und das Aztekenreich in Mexiko zerstört – aber ohne mich! Nie mehr will ich dorthin zurück, ich habe genug von der Neuen Welt. Ich warte und hoffe auf eine günstige Gelegenheit und möchte nur mehr heim nach Bayern. Wär' ich doch nie weg von Pittenhart!"

Viele Gerüchte schwirren durch die Stadt und dringen auch an Martins Ohr. Da soll es irgendwo in der Karibik einen verborgenen Jungbrunnen geben. Viele sind von seiner Existenz überzeugt und träumen von der ewigen Jugend. Ein Kamerad hat Genaueres erfahren: Der Wunderbrunnen mit dem „Wasser des Lebens" sei auf einer abgelegenen Insel zu finden. Das hätten die Tainos dem Konquistador Juan Ponce de Leon verraten. Bimini soll die gesuchte Insel heißen. Der Spanier ist auf der Suche nach der sagenhaften Insel Richtung Norden aufgebrochen, aber statt der ewigen Jugend kam der frühe Tod durch einen vergifteten Pfeil der Indios.

Am Rande eines großzügigen Platzes erhebt sich der Alcazar de Colon, der erst unlängst erbaute Regierungssitz des Vizekönigs. Seit 1509 hat dieses Amt Diego de Colon inne, allerdings mit Unterbrechungen. Der älteste Sohn von Christoph Kolumbus hatte sich durch seine anmaßende Art viele Feinde bei den Kolonialbehörden und am spanischen Hof, aber auch bei seinen Untertanen geschaffen. Unlängst musste er einen Sklavenaufstand der gepeinigten Indios blutig niederschlagen.

Martin wird nicht mehr nach Puerto Plata zurückkehren. Sehr zum Unmut seiner bisherigen Vorgesetzten bietet ihm der Vizekönig einen bevorzugten Platz in seiner Leibwache an. Die Zahl der Wachsoldaten hat sich in den letzten Jahren drastisch verringert, viele junge Männer sind, erfasst vom

Diego de Colon   *Maria de Toledo*

Goldrausch, Richtung Festland aufgebrochen. Diego de Colon braucht dringend einen verlässlichen Mann als Beschützer seiner großen Familie.

Er stellt Martin seiner Frau, der aparten Maria de Toledo y Rojas vor. Die energische Dame aus spanischem Hochadel ist die Nichte König Ferdinands von Aragon. Zu ihren Verwandten zählt auch der allmächtige Herzog von Alba. Die Heirat mit Maria hat der Familie Colon (= Kolumbus) schon viele Vorteile gebracht.

Der Wachdienst im Alcazar ist eine Aufgabe nach dem Geschmack des jungen Mannes, zumal die Hofdamen der Vizekönigin den Tiroler mehr als freundlich empfangen. Selbst Maria von Toledo sieht ihn gern in ihrer Nähe: „Bei Euch, Señor Martin, fühle ich mich immer wohl behütet!" Die energische Dame besteht darauf, dass der Tiroler die erlesene Damenschar waffenklirrend bei ihrem abendlichen Bummel durch die Calle de la Fortaleza (Festungsstraße) begleitet. Das erregt Aufsehen und bald verwendet die Bevölkerung eine neue Straßenbezeichnung: Calle de las Damas.

Martins Kameraden können ihre Missgunst schwer verbergen: „Du verdammter Glückspilz! Dauernd umgeben von den hübschesten Frauen der Kolonien ...!" Martin wehrt lächelnd ab: „Nur keinen Neid, compagneros. Meine Begleitung ist rein dienstlich." Nur rein dienstlich? Martin ist nicht blind und durchaus empfänglich für Gunstbeweise der Hofdamen. Beim gemächlichen abendlichen Schlendern fällt sein Auge immer häufiger auf eine junge Frau aus dem Gefolge, die seine bewundernden Blicke durchaus erwidert.

Angelica, aus einer alten spanischen Adelsfamilie stammend, hat Martin sofort in ihr Herz geschlossen. Sie ist, obwohl erst 22 Jahre alt, bereits Witwe. Ihr ungeliebter Gemahl, ein älterer kastilischer Graf, ist dem ungewohnten Tropenklima zum Opfer gefallen. Das wohlgebaute Mädchen ist eine auffällige Besonderheit unter den Hofdamen der Vizekönigin: eine hellere Haut, blondes Haar und blaue Augen verweisen auf „los godos" in ihrer Ahnenreihe, also westgotische Vorfahren.

Auch Martins Herz bleibt nicht unberührt: Angelica ähnelt zu sehr im Aussehen und in ihrer anziehenden Art seiner Agnes im fernen Tirol. Aber noch zögert der Tiroler, so übernimmt die junge Frau die Initiative. Beim abendlichen Bummel ist sie tunlichst in seiner Nähe. Wohlbedacht vermag sie es einzurichten, immer wieder im Palastbereich „zufällig" mit Martin zusammenzutreffen und ihn um kleine Dienstleistungen zu ersuchen. Ihr verführerisches Lächeln bleibt nicht ohne Wirkung, erste Gespräche folgen.

Dann sorgt die Natur für einen willkommenen Anlass: Ein tropischer Starkregen lässt die beiden jungen Menschen in einen abgelegenen Pavillon im Garten hinter dem Alcazar flüchten. Der Regen hat Angelicas Kleidung durchnässt und lässt ihre weiblichen Formen verführerisch hervortreten. Pralle Brüste mit steifen Brustwarzen drängen sich gegen die Seide des Hofkostüms. Martin nützt die günstige Gelegenheit: „Ihr solltet das nasse Kleid ausziehen, Marquesa, sonst verkühlt Ihr euch noch …"

Die Gefahr ist in diesem schwülen Klima äußerst gering, das wissen beide und beide wissen, dass sich Angelica nur der Form halber ziert. Aber auch Martin entledigt sich seines triefenden Waffenrocks.

Nun ist kein Halten mehr, lange unterdrückte Sehnsüchte brechen sich Bahn. Heiße Küsse leiten zu hemmungslosem Liebesspiel über. Voll Lust stöhnend wirft sich Angelica in Martins Arme, sie ist am Ziel ihrer geheimen Wünsche. Fast ohnmächtig vor Glück erlebt sie einen sehr zärtlichen Liebhaber, den man bei diesem gerühmten Kriegsmann nicht erwartet hätte.

Noch immer trommelt der Starkregen auf das Dach des Gartenhauses, in dem zwei junge Menschen schweißgebadet ihren Gefühlen freien Lauf lassen. „Ich habe nie geahnt, wie schön Liebe sein kann", flüstert Angelica schwer atmend in einer Pause ihres Liebesspiels, „denn was ich bei meinem Gemahl Don Enrique erlebt habe …". Liebevoll betrachtet er die aufreizende Figur der Geliebten, aber auch nachdenklich: „Du bist eine wunderbare Frau, Angelica! Aber wie soll es mit uns weitergehen? Du bist eine hochgeborene Dame und

ich nur ein Söldner – noch dazu nicht einmal Spanier ..."
Heiße und fordernde Küsse Angelicas lassen ihn vorerst verstummen und sie wirft sich abermals in seine Arme.

Dem heimlichen Liebespaar kommt zugute, dass die spanische Hofetikette in den neuen Kolonien nicht so streng gehandhabt wird. So ergeben sich immer wieder Gelegenheiten zu Höhepunkten der Sinnlichkeit an verschwiegenen Plätzen. Aber Vorsicht ist trotzdem geboten, denn die anderen Hofdamen sind wachsam und missgönnen ihrer Kollegin ihr geheimes Glück.

Wider alle Vernunft und entflammt in brennender Liebe schmieden Angelica und Martin Zukunftspläne. Die junge Witwe wäre jederzeit bereit, mit Martin in die neu entdeckten Gebiete am Festland zu fliehen: „Ich habe von meinem verstorbenen Gemahl – Gott hab ihn selig – viel Geld geerbt. Allerdings hat das die Vizekönigin in Verwahrung genommen." Martin ist da skeptischer: „Die gibt das nie heraus. Außerdem hab' ich gehört, dass du wieder verheiratet werden sollst. Wir müssen eine andere Lösung finden." Und dann versinken sie abermals im Liebesrausch und alles scheint machbar zu sein.

Martins Nächte sind nicht der Liebe, sondern der Wachsamkeit gewidmet. Bald nach Sonnenuntergang beginnt er seine nächtlichen Rundgänge durch den kühlen Steinbau. Wochenlang hört er nur den Hall seiner Schritte in den wenig beleuchteten Gängen des Alcazars und die halblauten Anrufe der Außenposten. Das Schwert, das er zunächst kampfbereit in der Hand trägt, verschwindet in die Scheide – bis zu jener tragischen Nacht im Mai 1524.

Martins Dienst nähert sich seinem Ende, als ein gellender Hilfeschrei die nächtliche Stille zerreißt. Mit einem Satz ist der Tiroler bei den Privaträumen des Vizekönigs und sieht Marquesa Angelica, seine Geliebte, in ihrem Blute liegen. Das Mädchen muss sich vor ihre Herrin gestellt und dadurch ihr junges Leben geopfert haben. Maria von Toledo presst sich mit schreckgeweiteten Augen an die Wand, zwei vermummte Gestalten nähern sich ihr mit blitzenden Messern. Sie werden die adelige Spanierin aber nicht mehr erreichen, denn der kampferfahrene Tiroler fällt wie ein Ungewitter über sie her. Durchbohrt von Martins Schwert sinken sie mit Ächzen zu Boden.

Erschüttert kniet der Tiroler neben der sterbenden Angelica, ihm gelten ihre letzten Worte. Ihr Blut sprudelt aus mehreren tiefen Wunden, ihre Augen brechen. Er macht sich schwere Vorwürfe, dass er die Mordtat nicht verhindern konnte. Aber die Täter kamen durch ein unbewachtes Fenster vom Park her, die dortigen Wachen haben ein Nickerchen vorgezogen. Sie werden der Garotte, einer qualvollen Hinrichtungsart, nicht entgehen.

Erst jetzt kommen Höflinge herbeigeeilt, die Räume des Vizekönigs wimmeln von aufgeregten Menschen. Bald werden die Hintergründe der Bluttat offenbar: Die toten Attentäter waren Sklaven von den großen Zuckerrohr-Plantagen, die unter grauenhaften Bedingungen schuften mussten. Der Hass auf die Unterdrücker führte zu einer Verzweiflungstat. Die Ermordung der Frau des Vizekönigs war als Rache an den unbarmherzigen Kolonialherren gedacht; das eigentliche Ziel, Diego Colon, entging dem Tod durch seine zufällige Abwesenheit.

Martins energisches Handeln bringt ihn in der Gunst des Vizekönigs ganz nach oben. Er zählt nun zum engsten Gefolge Diego Colons und hat viele Vorteile in der quirligen Hafenstadt. Von den Soldaten wird er hochgeachtet, Höflinge buhlen um seine Gunst, auch in der Damenwelt bleibt er nicht unbemerkt. Manch auffordernder Blick aus mandelförmigen Augen trifft den hochgewachsenen Tiroler in den Gassen. Aber der zeigt sich abweisend, fühlt sich schuldig und vor seinem geistigen Auge erscheint immer wieder die tödlich verletzte Angelica.

Der Schock sitzt tief, so will er sich ablenken und die Stadt erkunden. Nicht weit vom Alcazar erreicht er eine belebte Baustelle. Auf einem weiten Platz entsteht die Basilica menor de la Virgen de la Enunciacion (zu Maria Verkündigung), ein beeindruckendes Gotteshaus in spätgotischem Stil. Der ist Martin sehr vertraut von der neuen Kirche in seinem Heimatort Brixlegg und zusätzlich von seinem Kirchenbesuch in Sevilla.

Im Frühjahr 1521 sei die Grundsteinlegung gewesen, erfährt er von einem der zahlreichen Schaulustigen, die Vorderfront erscheint weitgehend fertig. Über der Doppeltüre des Haupteinganges prangt bereits der habsburgische Doppeladler als Steinrelief. Bei genauer Betrachtung kann Martin sogar im Wappenschild den Tiroler Adler erkennen, sozusagen ein Gruß aus der fernen Heimat. „Ihr werdet noch einige Zeit brauchen" erklärt er leicht überheblich den Umstehenden „wir in Tirol haben unsere Kirche schon fertig". Seine Bemühungen, den ahnungslosen Umstehenden seine Herkunft zu erklären, bleiben vergeblich. Wiederum erfasst ihn das peinigende Heimweh nach dem fernen Land im Gebirge.

Überraschend ergibt sich im Juni 1524 eine Gelegenheit zur Heimkehr. Diego Colon ist in Valladolid in Ungnade gefallen und wird nach Spanien zurückberufen. Sein hartnäckiges Bestehen auf gewisse Vorrechte und manche unklugen Maßnahmen hatten selbst dem fernen König Carlos I., besser bekannt als Kaiser Karl V., missfallen, diverse Hofintrigen tun das Ihrige. Und so besteigt der Kolumbussohn mit seiner Familie missmutig das Kriegsschiff „Madre de Dios", um sich am Königshof in Spanien zu verantworten. Das massige Schiff ist zwar mit Kanonen bestens bestückt, aber der Vizekönig will auf seine Leibwache keinesfalls verzichten. So erhält Martin die ersehnte Gelegenheit, der tropischen Insel vorerst Lebewohl zu sagen. Noch rechnet Diego Colon mit seiner Rückkehr nach Hispaniola.

Erwartungsfroh lehnt der Tiroler abermals an der Reling eines spanischen Schiffes, das nun seinen Bug Richtung Sonnenaufgang richtet. Die letzten Jahre haben ihn nachhaltig

geformt: aus einem unbeherrschten Jüngling ist ein kriegs- und lebenserfahrener junger Mann geworden, der mehrere Sprachen leidlich spricht und mehr von der Welt gesehen hat als die meisten seiner Landsleute. Aber zunehmend sehnt er sich nach der Enge seiner Gebirgsheimat und hofft, sich in Spanien vom Vizekönig trennen zu können.

7. RADSTADT UND ROM

Kurzes Glück in der Heimat
Landgericht Rattenberg, April/Mai 1526

Es ist eine eigenartige Nacht, ein Föhnsturm wütet im Tiroler Unterland und lässt die Bäume rund um Schloss Matzen ächzen. Wolkenfetzen fegen über den Himmel, der Mond verbirgt sich immer wieder hinter dem schnellen Gewölk. Straßen und Gassen Brixleggs sind menschenleer, in wenigen Hütten flackert noch ein einsames Talglicht. Nur die Schornsteine des Schmelzwerkes rauchen auch in der Nacht, denn in den Hallen herrscht rege Betriebsamkeit. Die Hochöfen dürfen nicht zur Ruhe kommen, selbst wenn manche „Schmölzer" ein beklemmendes Gefühl haben. Die Menschen fürchten diese magische Nacht auf den 1. Mai. Im Volk ist die Überzeugung weit verbreitet, dass in der Walpurgisnacht die Grenzen zwischen den Lebenden und den Toten verschwinden, auch sollen sich die Hexen in dieser Nacht zusammenrotten.

Gegen Mitternacht bewegt sich eine hochgewachsene Gestalt vorsichtig durch das schlafende Dorf. Sie vermeidet das fahle Licht des Vollmondes und schleicht zielstrebig zu einem Knappenhäusl am westlichen Ortsrand. Ein energisches Pochen bewirkt zunächst Panik in der Familie Haller, noch ist die blutige Nacht sechs Jahre zuvor nicht vergessen. Damals wurden die Frauen im letzten Augenblick durch das Eingreifen von Georg und Martin vor mordlustigen Wegelagerern gerettet.

Die aufgeschreckte Mutter kauert mit der jüngeren Tochter zitternd in einer Ecke des Strohlagers, der schlaftrunkene Georg Haller quält sich aus seinem Bett und sucht hektisch nach seinem wohlverborgenen Landsknechtschwert. Aber schnell schwindet der Kampfeswille und gerührt schließt der alte Vater seinen verlorenen Sohn in die Arme. Der geflohene Martin ist nach sechs abenteuerlichen Jahren zu seiner Familie heimgekehrt. Er ist nicht mehr der schlaksige und unbeherrschte Jüngling vom Sommer 1520, sondern ein durch unzählige Kämpfe gestählter Recke, braungebrannt durch die Sonne des Mittelmeeres und der Karibik.

In dieser Sturmnacht tut niemand in der Familie Haller sein Auge zu und atemlos hören die Eltern von den schier unglaublichen Erlebnissen ihres verlorenen Sohnes. Immer wieder muss er die bohrenden Fragen seiner Schwestern beantworten, die ältere Elsbeth hat sich in den Morgenstunden auch eingefunden. Alle hängen an seinen Lippen, hören von seinen Seefahrten und dem Zauber der Westindischen Inseln. Eine völlig unbekannte Welt tut sich vor seinen staunenden Anverwandten auf. Dieser Abschnitt seines Lebens ist für Martin abgeschlossen. Sein Mentor Diego Colon konnte Spanien nicht mehr verlassen. Martin war dabei, als der Kolumbussohn bei einem Ritt zur königlichen Hochzeit bei Toledo im Februar 1526 plötzlich tot vom Pferde fiel.

Aber als der Morgen des 1. Mai graut, weicht die unmäßige Wiedersehensfreude ernster Besorgnis: „Du kannst nicht bleiben, mein Sohn" tut Georg Haller mit bedrückter Miene kund, „du wirst noch immer gesucht. Du hast dich zwar verändert und dein Vollbart schützt dich ein wenig. Aber der Teufel schläft nicht und man könnte dich trotzdem erkennen. Die Salzburger haben deinen bösen Streit mit ihrem Gefolgsmann nicht vergessen und der Stadtrichter Anngst von Rattenberg ist ein gar gestrenger Herr. Ich möchte dich nicht am Galgen auf der Zillerinsel hängen sehen."

Georg Haller, der trotz seines Alters von 65 Jahren noch immer gute Verbindungen zu den Bergverwandten hat und sich über die Verhältnisse in Tirol bestens informiert zeigt, berichtet seinem Sohn von den jüngsten Entwicklungen: „Seit dem Tode Maximilians hat sich Vieles getan im Lande,

Martin, und besser ist es nicht geworden. Einiges hast du ja vor deiner Flucht noch miterlebt. Der neue Landesfürst Ferdinand, ein Enkel Maximilians, hat sich vor drei Jahren erstmals in Innsbruck sehen lassen, aber mit seinem Großvater kann man ihn nicht vergleichen: er ist nicht beliebt, manche nennen ihn einen ‚vollgefressenen welschen Hund' und deutsch kann er immer noch nicht richtig. Ich habe ihn letztes Jahr kennengelernt, da war ich mit einer Knappenabordnung in Hall und wir haben hart mit ihm verhandelt. Es hat nicht viel gefehlt, und wir wären aufeinander losgegangen. Ferdinand hat uns aus Angst vor einem Knappenaufstand weitgehende Zugeständnisse gemacht, aber inzwischen wissen wir: es war alles Lug und Trug! Der wollte nur Zeit gewinnen.

Die Bevölkerung nimmt ihm seinen ausländischen Hofstaat sehr übel und seine landfremden Berater. Einer davon, der Gabriel von Salamanca, ist geradezu verhasst. Da nützt dem Salamanca auch seine Heirat mit einer jungen einheimischen Adeligen nichts."

Nach einem tiefen Schluck aus dem irdenen Bierkrug fährt der alte Bergmann fort: „Was besonders die Bergverwandten maßlos erregt, sind die engen Beziehungen Ferdinands zu den gierigen Augsburger Geschäftsleuten, die wir als die „großen Hansen" verspotten. Den Fuggern hat schon sein Großvater Maximilian unsere Bergwerke überschrieben, die beuten sie jetzt gnadenlos aus. Die Knappen in Schwaz und Rattenberg stehen kurz vor einem Aufstand, da werden sich die hohen Herren etwas einfallen lassen müssen." Und der Vater zitiert verbittert ein Sprichwort, das in mehreren Varianten in aller Munde ist:

Wer den Fugger fänge und den Salamanca hänge,
wer beendet der großen Hansen List,
dann wäre Ferdinanden besser denn er ist.

Die Obrigkeit Tirols sei in höchster Alarmbereitschaft, berichtet der Vater weiter, überall wären bewaffnete Söldner anzutreffen. Die hat sein Sohn bei seinen abenteuerlichen Schleichwegen tunlichst gemieden. Martin hat sich Brixlegg auf einem Umweg über den unübersichtlichen Hagauer Wald genähert und ist zu nächtlicher Stunde über die unbewachte Innbrücke gehuscht. Grinsend erzählt der heimgekehrte Sohn, dass die Bewacher in ihrer Hütte ahnungslos geschlafen hätten. Dann wendet sich das Vater-Sohn-Gespräch wieder ernsten Dingen zu.

In den geistlichen Gebieten südlich des Brenners hat sich seit vergangenem Jahr ein gefährlicher Aufruhr entwickelt. Träger des Aufstandes sind die radikalen Bauern aus der Umgebung von Brixen, unter der Führung eines gewissen Michael Gaismair, von dem die einfache Bevölkerung auch hierzulande mit größter Hochachtung spricht. Gaismair soll inzwischen außer Landes sein; in der Schweiz, so geht das Gerücht, sammle er ein Heer.

Martin hat bereits erfahren, dass auch im benachbarten Salzburger Gebiet die Flamme des Aufruhrs lodert. Im Pinzgau

Bauernaufstand mit Bundschuh-Fahne.

Stadt Salzburg mit altem Münster und Festung Hohensalzburg.

und dem Pongau haben sich abermals die Bauern erhoben und werden von vielen Unzufriedenen aus den Nachbarländern unterstützt. Und sein Vater ergänzt: „Es ist nicht die erste Erhebung, schon im Vorjahr haben die Bauern den Erzbischof in arge Bedrängnis gebracht. Kardinal Matthäus Lang – du erinnerst dich sicherlich, wir haben ihn vor sechs Jahren bei seinem Besuch in Brixlegg gesehen – hat sich sogar auf die Festung Hohensalzburg flüchten müssen, die fast von den erzürnten Bauern eingenommen worden wäre. Ich habe es von einem Zillertaler Bauern erfahren, der an der Belagerung beteiligt war.

Der ist früh genug zurück nach Bruck geflüchtet, bevor das grausame Strafgericht der hohen Herren begonnen hat."

Das nächste Salzburger Gebiet ist vom Landgericht Rattenberg gar nicht so weit entfernt. Schloss Kropfsberg ist das Verwaltungszentrum für das salzburgische Zillertal, das zum Herrschaftsgebiet der Salzburger Kirchenfürsten zählt. Die wissen um die Bedeutung der Festung, unter Erzbischof Leonhard von Keutschach ist sie um 1500 großzügig ausgebaut worden. Burghauptmann Hans Broegl von Arenburg hat ein waches Auge auf seine Zillertaler Bauern. Der kriegserfahrene Adelige ist als Pflegsverwalter noch nicht lange tätig und hat schon die alten Streitigkeiten mit den Rottenburgern und Rattenbergern am Hals. So ist er entschlossen, jeden Aufruhr sofort im Keim zu ersticken. Einen aufmüpfigen Geistlichen, den „leutpriester" Eustachius aus Hart, lässt er wegen seiner lutherischen Ketzerei unverzüglich in der Burg gefangen setzen. Der Gerlospass ist streng bewacht, nun gibt es für Rebellen aus dem Pinzgau kein Durchkommen mehr.

„El diablo nunca duerme" (der Teufel schläft nicht) wiederholt Martin die besorgte Warnung seines Vaters traurig auf Spanisch, und so muss er sein Elternhaus viel zu schnell wieder verlassen. Er will seine Familie nicht nochmals in Gefahr bringen und so scheidet er wehen Herzens abermals von der Stätte seiner Jugend. Sein Entschluss steht fest: er will das revolutionäre Heer Michael Gaismairs, das von der Schweiz in das Salzburgische zieht, unterstützen. Bisher hat der Tiroler für Sold gekämpft, nun will er für seine Überzeugung streiten. Aber bevor er Tirol wieder verlassen muss, brennt eine Frage auf seinen Lippen. Eine Frage nach dem Mädchen, das er auch in Italien, Spanien und der Karibik nicht vergessen konnte: „Wie geht es der Agnes?" Die Mutter blickt überrascht auf: „Du meinst die Tochter des Hüttenmeisters Niklas? Die arbeitet jetzt als Magd beim Stablmüller in Brixlegg unten und ist bisher ledig geblieben, obwohl einige von den

Bergverwandten heftig um sie geworben haben." „Ich glaube", wirft sein Vater augenzwinkernd ein, „die wartet immer noch auf den Richtigen, obwohl sie jetzt schon um die 20 Jahre alt sein muss ..."

Trotz der Gefahr des Erkanntwerdens wird Martin seine Abreise um einige Tage verschieben. Es drängt ihn, sich mit Agnes zu treffen, obwohl seine fromme Mutter vor den Gefahren warnt: „Ich habe am Markt flüstern gehört, die Stablmühle soll ein geheimer Treffpunkt von Ketzern sein. Sie nennen sich selber Täufer, die Behörden bezeichnen sie als Wiedertäufer, weil sie Erwachsene nochmals taufen." Und Georg Haller ergänzt: „Sie tun zwar niemand etwas zuleide und haben großen Anhang in der Bevölkerung, aber der Landesfürst will eine Abweichung vom katholischen Glauben nicht dulden. Sei also vorsichtig, man ist schnell im Kerker heutzutage!"

Aber Martin will Agnes unbedingt sehen und so macht sich sein Vater am nächsten Tag seufzend auf Richtung Stablmühle. Es gelingt ihm, das freudig überraschte Mädchen im Gemüsegarten ungestört zu benachrichtigen.

Am Abend ist aus dem tosenden Föhn ein laues Lüftchen geworden und bald wird es regnen, während sich die beiden jungen Menschen nach sechs Jahren Trennung wiedersehen. Ihr Treffpunkt ist die bereits verfallene und unbewohnte Burg Mehrnstein, die von der abergläubischen Bevölkerung des Nachts gemieden wird, denn – so geht die Rede – es soll spuken in den Trümmern hoch über Brixlegg.

Etwas befangen nähern sich die Beiden und wie ungestüm Martin im Kampfe sein kann, so behutsam verhält er sich nun im Anblick des blonden Mädchens. Aus dem halbwüchsigen Kind ist inzwischen eine voll erblühte Frau geworden, die den sichtlich unsicheren Krieger strahlenden Auges begrüßt. Was ganz behutsam von beiden Seiten beginnt, endet in einem nie erwarteten Rausch der Sinne.

Es werden für beide unvergessliche Stunden zwischen den morschen Gemäuern, Stunden, die sich für immer in ihre Herzen einbrennen: „Du warst immer schon meine große Liebe, Martin! Würde es doch nie enden!" flüstert Agnes in einem unermesslichen Glücksgefühl. Martin, der als rauer Kriegsmann seine tiefen Gefühle viel schwerer offenbaren kann, genießt mit allen Fasern die Nähe eines geliebten Menschen. Erst als der Morgen graut und noch ganz benommen vom gerade Erlebten, nehmen die jungen Menschen voreinander Abschied. Eine letzte innige Umarmung will fast nicht enden, denn beide fürchten, es könnte ihre letzte Begegnung sein.

Das Rinnwerk der Stablmühle in Brixlegg.

Tragödie vor Radstadt
Erzbistum Salzburg, Juni 1526

Die jahrelange Kriegserfahrung ist sehr hilfreich: Ein surrendes Geräusch veranlasst Martin sich schnell zu ducken und tatsächlich, über ihn bohrt sich ein Armbrustbolzen in den nächsten Baumstamm, vor dem sein behelmter Kopf noch vor kurzem war. Die Verteidiger des festen Radstadt schießen sehr gut und fügen dem unerfahrenen Belagerungsheer schwerste Verluste zu. Der neben ihm stehende Simon, ein blutjunger Bergknappe aus Kitzbühel, hat weniger Glück. Mit ungläubigem Gesichtsausdruck starrt der junge Bergmann auf den Bolzen tief in seiner Brust und mit brechendem Auge stürzt er zu Boden.

Martin und Simon zählen zu den über dreihundert Bergknappen, die aus den Tiroler Bergbaurevieren nach Radstadt gezogen sind. Der beliebte Salzburger Bauernführer Michl Gruber, ein begabter Redner, hatte im Herbst des Vorjahres in Rattenberg und Kitzbühel eifrig für die Sache der Aufständischen geworben. Viel Überredungskunst war nicht notwendig, denn die Erzählungen der geflüchteten Schladminger Bergknappen über die Grausamkeiten der Adeligen haben die Flamme der Empörung hell auflodern lassen. Und so ist eine beachtliche Zahl von Bergverwandten in den nahen Pinzgau gezogen, um „für die gerechte Sache" zu streiten.

Sie waren im bäuerlichen Belagerungsheer hochwillkommen. In Ermangelung von Belagerungsgerät sollen die Tiroler Knappen Stollen unter die Stadtmauern treiben, um sie dann von unten zu sprengen. Aber die Stadt wehrt sich erfolgreich.

Ein Gehängter schwingt noch im Winde, als Martin mit einigen Begleitern aus dem Bergrevier Rattenberg vor Radstadt eintrifft. Die umstehenden Bauern berichten bereitwillig über die Umstände seiner Hinrichtung: Seit mehreren Wochen lagert das Bauernheer vor der Stadt, die beschlossen hat, ihrem Landesherrn trotz allem die Treue zu halten. Mehrfach versuchen die Bauern, die standhaften Bürger zur Aufgabe zu überreden, ein Sturm auf die wohlbefestigten Mauern schlägt fehl.

Radstadt hat das Glück, die Verteidigung dem kriegserfahrenen Christoph Graf von Schernberg übertragen zu können, von dem ein Flugblatt kündet: „Ein edler Herr zu Rastatt wahr / mit Namen graff Christoff ist er genannt / ... er tat die stat gar wohl behüt ...".

So wendet sich der Grimm der enttäuschten Bauern gegen die eigene Führung, wie ein spöttisches Flugblatt bald nach diesen Ereignissen berichtet: „eyn Haubtmann heißtet Setzenwein / und sprach zu pauern an der gemeyn / die maur laßt sich nit umbstossen / so kann ich nit mit dem kopf hindurch ..." Die pessimistische Rede war dem angeblichen Setzenwein, hinter dessen „Kriegsnamen" sich Steffel Gan-

Radstadt

ner, ein Mitkämpfer Gaismairs, verbarg, nicht gut bekommen. Vergeblich wies er darauf hin, dass er ein Gefolgsmann Gaismairs aus Feldthurns sei. Das beeindruckte die erzürnten Rebellen wenig, die den sich verzweifelt wehrenden Südtiroler wegen Unfähigkeit durch den Profosen am nächsten Baum aufhängen ließen.

Ein schneller Rundblick enttäuscht Martin: sofort erkennt der erfahrene Soldat die Mängel der Belagerung und sieht die Unversehrtheit der Stadtmauern. Es fehlen Kanonen, Versorgung und vor allem eine kriegserfahrene Führung. Zorn und Kampfesmut allein, das wird schnell offenbar, können die Stadt nicht bezwingen. Trotzdem machen sich die Knappen an den Bau von Stollen, nachhaltig gestört von den aufmerksamen Bürgern. Die Söldner des Grafen Christoph wagen sogar mehrere Ausfälle und fügen den Belagerern empfindliche Verluste zu, Mutlosigkeit macht sich breit. Auch hat sich herumgesprochen, dass der Reformator Martin Luther, auf den man große Erwartungen gesetzt hatte, sich mit seiner Schrift „Wider die räuberischen und mörderischen Rotten der Bauern" auf die Seite der Unterdrücker begeben hatte.

Erst die Ankunft von Michael Gaismairs kampfeserfahrenen Mannen flößt dem demoralisierten Bauernheer neue Hoffnung ein. Dem begabten Tiroler Bauernführer war es gelungen, in Graubünden aus Flüchtlingen ein gut bewaffnetes Volksheer in der Stärke von 700 Mann zu schaffen. In kleinen Gruppen hatten sich die revolutionären Kämpfer auf Schleichwegen durch Tirol in den Pinzgau durchgeschlagen. Die Bevölkerung war mehrheitlich auf ihrer Seite und unterstützte sie nach Kräften, die Söldner des Landesfürsten Ferdinand vermochten sie nicht aufzuhalten.

Mit erhobener Faust droht Martin den Verteidigern auf den Stadtmauern: „Ihr verfluchten Hunde! Wollt ihr dem tückischen Bischof tatsächlich in den Arsch kriechen? Habt ihr denn keinen Stolz?"

Ein new lied / wie es vor Rastat mit den pauren
ergangen · ist Im thon Es geet ein frischer summer daher.

Nun wölt jr hören ein newes gedicht/
vnd was vor Rastat geschehenn ist/woll
von den kropsften pawren/ im Pintzg-
aw habenns sys angefanngen/so gar an
alles trawren ja trawren.

Nun merckt jr herren der pauren rad
die Rastatter lanndtschaft handt auf-
bracht/seind für die stat gezogen/ sy haben tag vñ nacht geschanntzt/ist war vnd
nit erlogen ja logen.

Die pauren vorderten auf die Stat/
in dreyen stunden was jr radt/sole man
die stat aufgebenn/ vnnd wa das nit geschehen wurd/so gulte es jn jr leben.

Was hetten jn die paurenn erdacht/
vonn lörzem holtz ein Byrenn bracht/
mit eysenn rayffenn vmb bundenn/ sy war wol achtzehen schüch lanng/die maur
hats nie entpfunden ja pfunden.

Die paure theten einen sturm/mit lange laytern das het keyn furm/die maur
was nit beschossen/merckent was das für kriegsleüt seind/es thet jr lebe kosten.

Ein Hauptman heyßt der Setzenwein/er sprach zun pauren an der gemeyn/
die maur laßt sich nit vmbstossen/so kan ich nit mit dem kopf hindurch/wir werden legen ein plossen ja plossen.

Woltjr das ich die Stat bestürm/solegt mir zu gschütz vnd schürm/das ich
die stat müg bschiessen/ wo jrs nit thut so ists vmb sonst/ das thet die paurn ver-
driessen jadriessen.

Die pauren gaben jm den lon/deßglcih en dem Prouosen schon/es galt jr bö
leben/ja wer sich vnder die pauren mischt/ dem wirt sein lon auch geben ja geben.

Die pauren begerten weyb vnnd kind/hyn auß fürs thor nur also gschwind/sy
woltens also mache/wol mit den burgern in ð stat/das sys nit wurden lachen ja.

Sy woltens vber die maur auß werffen/wol nach der leng vnd nach ð scherffen
die burger waren weise/sy theten als fromß redlich lewt/jr loß thun ich da preisen

Es ist der pauren maynung gewesenn/keyn lantzknecht solt vor jn genesen/sy
woltens all erhencken/darüb jr liebe lantzknecht gut/thüts den paure eintrencke.

Der Schitter auff der jenickaw/ð hatt zwelff sold vñ groß vertraw/ein oberster ist er gewesen/er hat die lantschaft wol geregiert/das sichtman yetz gar eben.

Ein hauptman heyßt der Lienhart Heyd/er hat seyn teyl was manchem leyd
an sant Johanns tag ists geschehen/sy wurden geschossen vnnd geschlagen/hat
mancher lantzknecht gesehen ja gsehen.

Der Michel Gayßmayr was ein hauptman / er mocht mit eeren nit bestan/
er ist ein schalck für trauren/er hat das Ertschland aufrürig gemacht darzu der
Pintzgar pauren ja pauren.

Ein Edler herr zu Rastate wont/mit namen graff Christoff ist er gnannt/ein
reitter ist er geborn/er hat die stat gar wol behüt/thet den pauren zorn ja zorn.

Noch eins jr pauren nempt für gut/Behalt ewern leyb in güter hüt/thut für-
bas daheim beleiben/gebt ewern herrenn was jn züsteet/so thut man ewch nit vertreiben ja treiben.

Nun welt jr pauren zufriden sein/so bleibt jr billich wol daheim/bey ewern kinde
vnnd weibenn/ dasselb laßt ewch zu hertzen gan/man thüt ewch vberwindenn·

Historisches Flugblatt über die Belagerung Radstadts.

148

Aber im Inneren kann er die Bürger Radstadts, die von ihren Frauen im Kampf tatkräftig unterstützt werden, sogar verstehen. Diese wollen für ihre Stadt das tragische Schicksal des nahen Schladming vermeiden. Der Bergbauort hat sein Aufbegehren und die Unterstützung der Bauern bitter bereut.

Im Jahr zuvor war der „Bauernschinder" Sigmund von Dietrichstein mit seinem Heer bei Schladming von einem Rebellenhaufen überrascht und geschlagen worden. Am Marktplatz der Bergbaustadt haben Bauern und Knappen über die Adeligen zu Gericht gesessen. Über vierzig Edelleute verloren bei diesem blutigen Strafgericht am 5. Juli 1525 ihren Kopf. Manche bettelten um ihr Leben, aber unerbittlich stieß man sie auf den Richtplatz, der von einer dichten Menschenmenge umgeben war. Der Henker wartete mit dem breiten Richtschwert, besudelt noch vom Blut des letzten Hingerichteten. Zitternd kniete der Verurteilte nieder, sein letzter Blick galt den mitleidlosen Mienen der Zuschauer, bevor sein Kopf durch einen schnellen waagrechten Hieb vom Rumpf getrennt wurde.

Aber Schladming sollte schwer für dieses Strafgericht büßen. Im Herbst kommen die Feudalherren mit einem starken Heer zurück in das geplagte Ennstal und legen die blühende Bergbaustadt in Schutt und Asche. Die Rache der Adeligen an den Bauern ist unerhört grausam und übersteigt alle Vorstellungen. Bauer zu sein, selbst wenn er der frömmste war und kein Aufrührer, konnte bereits den Tod bedeuten, schreibt ein zeitgenössischer Chronist. Das Mindeste war, Opfer von Folterungen, Raub und Brandschatzung zu sein. Eine Welle des Entsetzens durchläuft die Täler Salzburgs, viele Knappen flüchten sogar bis in die Bergbaugebiete Tirols und bringen die Schreckenskunde vom Wüten der Adeligen. Zunächst bricht der Bauernaufstand zusammen, aber die unerhörten Gräueltaten der Adeligen und ihrer Söldner führen zu keiner Befriedung.

Im folgenden Jahr lodert abermals die Flamme des Aufruhrs im oberen Ennstal und führt zunächst wieder zu großen Erfolgen. Aber im Juni 1526 wendet sich das Blatt: Radstadt kann nicht eingenommen werden, die Stadt bleibt ihrem Fürsten treu, obwohl Erzbischof Matthäus Lang nur mäßig beliebt ist. „Lieber beugen wir unser Haupt unter der bischöflichen Knute", schreit ein Radstädter dem Martin zu, „als unter dem Schwert des Henkers."

Der Scharfrichter wird jetzt viel zu tun bekommen, die aufständischen Bauern und die Kämpfer Gaismairs werden von zwei Seiten bedrängt. Von der Steiermark nähert sich über das Ennstal und dem Mandlingpass ein wohl gerüstetes Heer, geführt von rachedurstigen Adeligen. Vom Westen her rücken Truppen des Erzbischofs unaufhaltsam vor, an deren Spitze der abtrünnige Michl Gruber. Da bleibt nur mehr, sich auf Gnade oder Ungnade zu ergeben, die kopflose Flucht nach allen Seiten oder für einen „harten Kern" ein geordneter Rückzug unter Führung Gaismairs über die Berge Richtung Süden.

In der Stadt der Kanäle,
Venedig im Juli 1526

Der 71-jährige Andrea Gritti, nicht nur wegen seiner Amtskleidung als Doge von Venedig eine eindrucksvolle Gestalt, blickt von seinem Fenster gespannt auf den Canale Grande, der überfüllt ist mit Gondeln. In der sonnenglitzernden Lagune spiegeln sich die Kirchen und Paläste und zeugen vom Reichtum der alten Handelsstadt. Der Campagnile wirft einen mächtigen Schatten, die große Statuen am Uhrturm, dem Torre dell' Orologio, schlagen auf der Bronzeglocke gerade die neunte Stunde.

Aber der Blick des alten Dogen gilt der Anlegestelle vor dem Palast, dort entsteigt aus einer unauffälligen Gondel gerade ein gutes Dutzend junger Männer. Ihre einfache Kleidung unterscheidet sie deutlich von den gut gewandeten Venezianern. Sie werden aber kaum beachtet, denn Fremde in anderer Gewandung sind in der vielbesuchten Lagunenstadt alltägliche Erscheinung. Venedig ist zwar nicht mehr das überragende Handelszentrum der Alten Welt und spürt zunehmend die Verlagerung der Handelsrouten zum Atlantik, aber noch immer ist die alte Stadtrepublik eine beachtliche Macht im italienischen Kräftespiel.

„Sind sie das?" fragt Gritti halblaut den neben ihm stehenden wohlbeleibten blonden Mann. Aus dem Fondaco dei tedesci neben der Rialto-Brücke, der Unterkunft aller deutschen Kaufleute, hat man extra einen Innsbrucker Handelsmann geholt. Fritz Holzmann hat den Vorteil, die italienische Sprache, ja sogar die venezianische Mundart bestens zu beherrschen und hat Gaismair in Innsbruck schon mehrfach gesehen. Aber er ist kein Freund der aufständischen Bauern, die den Handel über den Brenner stören und er ist der Lagunenstadt nicht nur durch gute Geschäfte eng verbunden. Holzmann genießt die italienische Lebensart, das schmackhafte

Essen, den Wein und … die Frauen Venedigs. Dem will er auch weiterhin nicht entsagen. So kann er der Lagunenstadt wertvolle Dienste leisten.

Der Innsbrucker wirft einen eingehenden Blick auf die Männergruppe: „Si, Serenissimo Príncipe, indubbiamente (zwei-

Der Uhrturm in Venedig.

fellos). Er ist es, der große schlanke Dunkelhaarige, der geht immer leicht gebückt. Die anderen kenne ich nicht, die dürften wohl seine Unterführer sein …" Der alte Bischof im Hintergrund will nichts von den Besuchern wissen: „Deutsche Ketzer sind's", donnert der hohe Würdenträger der Kirche „die gehören eigentlich vor ein Inquisitionsgericht!"

Andrea Gritti, der Doge von Venedig.

Andrea Gritti weist den erregten Kirchenfürsten milde zurecht: „Eccellenza, sie sind Ketzer, das wissen wir alle. Aber sie kommen nicht, um mit uns einen theologischen Disput zu beginnen, sondern um unser Heer zu verstärken. Wir haben beste Nachrichten über die Fähigkeiten dieses – wie heißt er denn gleich? – Michele Goismayor oder so ähnlich – und der Tapferkeit seiner Männer. Als Capitano unserer Truppen habe ich bewundert, wie diese deutschen Fanatiker kämpfen können. Deshalb hat ihnen die Republik Venedig Asyl gewährt, aber das ist nicht umsonst."

Im „Kleinen Rat", dem „Consiglio minor", ist es in den letzten Tagen zu hitzigen Wortgefechten gekommen, wie mit den gut tausend Gaismaier'schen Kämpfern und ihrer Begleitung zu verfahren sei. Diese hatten bei Buchenstein, ladinisch Fodom, in guter Ordnung die venezianische Grenze Richtung Belluno überschritten. Jörg von Frundsberg, der berühmte Landsknechtsführer in Habsburgs Diensten, war ihnen im Auftrag des Tiroler Regimentes mit großer Übermacht hart auf den Fersen gewesen, nun musste er an der Grenze wutschnaubend innehalten.

Staunend und zutiefst beeindruckt durch die atemberaubende Pracht der Lagunenstadt streben die übernächtigen Ankömmlinge dem Dogenpalast zu – und werden schon nach einigen Schritten von Mario, ihrem leidlich deutschsprechenden Begleiter gewarnt: „'alt, attentione! Nicht gehen zwischen Säulen! Das bringt Unglück, da lauern die Geister von Hingerichteten!" Auch für die vier roten Steinfiguren links von der pompösen Porta della Carta hat der redegewandte Venezianer eine Erklärung: „Sind vier Heidenfürsten aus Afrika, verwandelt zu Stein. Aber wir mussen weiter, signores, der Doge wartet schon."

Ein kurzer Blick auf die pompöse Riesentreppe mit den überlebensgroßen Figuren ist den Besuchern vergönnt, die ist nur für wichtige Staatsgäste gedacht. Mario bringt sie über einen weitläufigen Innenhof zu einem bescheidenen Nebeneingang. Reich livrierte Diener geleiten sie durch eine Flucht von eindrucksvollen Sälen zum Zentrum der Macht Venedigs, wo der Doge mit seinen Ratgebern ihrer harrt.

Bei den stundenlangen Beratungen hat man der Abordnung des Gaismair'schen Heeres zu verstehen gegeben, sich so wenig wie möglich in der Öffentlichkeit zu zeigen. Man wisse, dass der Tiroler Landesfürst Ferdinand auch Spione in der Lagunenstadt habe und ungern lässt sich die Stadtführung in die Karten schauen. So verbergen sich die Besucher gegen Abend in einer unauffälligen Osteria an einem kleinen Seitenkanal, die ihnen von der Signoria zugewiesen wurde. Dieses ist aber nicht im Sinne von Gaismairs Unterführern, denn die frische Meeresbrise macht unternehmungslustig. Die jungen Männer haben bei ihren Wegen durch die verschlungenen Gassen manch auffordernde Blicke der gar nicht scheuen Venezianerinnen bemerkt und sind über die notwendige Vorsichtsmaßnahme nicht glücklich.

Es ist eine milde Sommernacht, leise plätschert es in den Kanälen und aus der Ferne tönen Mandolinenklänge. Ein-

Canale Grande in Venedig

schmeichelnde Lieder erklingen, umrahmt von girrendem Frauenlachen. Eine andere friedlichere Welt tut sich kurzfristig auf für die rauen Kämpfer aus den Bergen. Aber die jungen Männer haben kein Gefühl für romantische Nacht, denn gebannt lauschen sie den Ausführungen Gaismairs. Der erklärt seinen Unterführern in großen Zügen, was die Lagunenstadt von den Asylheischenden aus dem Norden erwartet: „Die Republik Venedig hat unlängst mit Frankreich, Florenz und Papst Clemens VII. die Heilige Liga von Cognac als Bündnis gegen das Haus Habsburg geschlossen und ein gemeinsames Heer aufgestellt. Das ist über 30.000 Mann stark, darunter viele angeworbene Schweizer „Reisläufer". Wer's noch nicht weiß, das sind Bauern, die sich für einige Jahre Kriegsdienst anwerben lassen. Die sind gefährliche Kämpfer, wenn sie richtig geführt werden. Oberbefehlshaber dieser zusammengewürfelten Kriegsvölker ist ein Francesco Maria delle Rover, Herzog von Urbino. Besonders erfolgreich soll der nicht sein, deshalb ist Venedig um unsere Unterstützung heilfroh."

Martin, der sich während der Besprechungen im Dogenpalast durch seine verborgenen Italienisch-Kenntnisse sein eigenes Bild von den Ränken der Venezianer machen konnte, zeigt offen seine Ablehnung: „Kameraden, wir werden von den Welschen nur für ihre Machtspiele verheizt und sollen sogar für den Papst, den leibhaftigen Antichristen, unsere Haut zu Markte tragen! Ist es wirklich das, was wir wollen?"
Mit Blick auf die nachdenklichen Mienen seiner Unterführer beschwichtigt Gaismair: „Das ist der vorläufige Preis für unser Verbleiben in der Republik. Vergesst nicht, wir bekommen Ausrüstung, Geld und können uns von den Strapazen des Rückzugs erholen. Das haben unsere Männer dringend nötig. Nicht nur die – vergesst nicht die Frauen und Kinder, die uns begleitet haben! Aber der Doge hat mir zugesichert, dass Venedig uns nach Abschluss dieser Kämpfe in Italien Unterstützung für den Einfall nach Tirol gewährt." Und mit Blick auf Martins ungläubige Miene: „Es wird geschehen! Bald befreien wir Tirol von den großen Hansen und Pfaffen, wir schaffen das! Dann wollen wir unseren wahren und gerechten Volksstaat aufrichten."
Gaismairs eindringlicher Aufruf zeigt zunächst Wirkung bei den Unterführern. Martin, obwohl nicht überzeugt, verzichtet angesichts der hoffnungsfrohen Stimmung auf weitere kritische Einwände. So wendet man sich angenehmeren Dingen zu.
Zum Unterschied vom lokalen Essen, in dem die Unterführer nur misstrauisch stochern, haben Gaismairs Mannen mit den Sangiovese-Wein sofort Freundschaft geschlossen und alsbald erklingt aus rauen Kehlen das aufmüpfige Lied:
Als Adam grub und Eva spann, wo war denn da der Edelmann?

Seitenwechsel in der Poebene
Herbst 1526 / Frühjahr 1527

Aber die Zweifel Martin Hallers sollten sich bewahrheiten: der Feldzug der Heiligen Liga zieht sich in die Länge und dem zaudernden Oberbefehlshaber Rovere gelingt kein entscheidender Schlag gegen die kaiserlichen Truppen in der Poebene. Die Kampfkraft des Bauernheeres unter Gaismair wird zwar allgemein gelobt, mit der versprochenen Bezahlung erweist sich die reiche Republik jedoch als recht knausrig. Wochenlang warten die tapferen Kämpfer auf den Sold und verkaufen sogar Waffen an die Bauern, um nicht zu verhungern. Im Herbst meutert ein Teil des Heeres und findet auf geheimen Wegen zurück in die Heimat, während Gaismair schwer krank in Brescia weilt. Seine Unterführer sind nicht in der Lage und wohl auch nicht willens, die Abwanderung zu hemmen.

So vergeht das ereignisreiche Jahr 1526 mit wechselndem Kriegsglück. Der geplante Einfall in das Land Tirol rückt in weite Ferne und die Enttäuschung der kämpferischen Bauern wächst.

„Ich fürchte", sinniert ein nachdenklicher Martin im folgenden März an einem müde flackernden Lagerfeuer nahe Cremona, „wir stehen auf der falschen Seite. Das habe ich schon in Venedig gespürt und was unterscheidet uns noch von den anderen Söldnern? Was ist denn geblieben von unseren Idealen, für die wir vor Radstadt kämpften?"

Auch andere am Feuer Kauernde machen sich so ihre Gedanken: „Im letzten Jahr bin ich dem Michl Gruber gefolgt und war bei Schladming dabei. Da ging's den hohen Herren gehörig an den Kragen. Der verfluchte Hund Gruber hat sich dann vom Erzbischof Lang kaufen lassen und hat die Seite gewechselt. Möge er einmal in der Hölle braten, wenn's überhaupt eine gibt!", tut ein narbenbedeckter Salzburger Bauer grimmig kund. Und nach einigem Zögern und mit bewegter Stimme: „Ich hasse das Welschland und will schon lange zurück in die Heimat; meine Frau und die Kinder brauchen mich!"

Und sein Kamerad Wolfgang – Martin kennt den Alpbacher aus dem Bergbau Geier – ergänzt: „Ich versteh' dich! Viel besser als der Gruber sind wir auch nicht! Zu lange haben wir für die venezianischen Geizhälse unsere Haut zum Markte getragen – und wofür?" Und als ein vorsichtiger Rundblick allgemeine Zustimmung zeigt, bricht es heraus: „Ich hätte nichts gegen einen Wechsel zu den Kaiserlichen. Da sind viele lutherische Landsleute dabei und die versteh' ich – und es soll gegen den Papst in Rom gehen!"

Der biedere Alpbacher Knappe ist nicht allein – an zahlreichen Lagerfeuern kommen ähnliche Gedanken zur Sprache. Es herrscht eine große Unzufriedenheit unter den Bauernkriegern und viele suchen einen Ausweg aus ihrer unbefriedigenden Lage. Sogar Michael Gaismair hat großen Zweifel, da mögen ihn die Venezianer noch so loben. Aber noch hofft er, wie vom Dogen versprochen, mit einem starken Heer in Tirol einfallen zu können.

Martin hofft nicht mehr und mit mehreren gleichgesinnten Mitkämpfern aus dem Bergrevier Rattenberg plant er einen Seitenwechsel. Wenn schon Kampf, dann nicht für die Interessen der venezianischen Pfeffersäcke, für die die revolutionären Bauern nur brauchbare Gestalten im italienischen Kräftespiel sind. So wächst der Entschluss, lieber gegen den Papst zu kämpfen, der von vielen als leibhaftiger Antichrist gesehen wird.

Eine gute Gelegenheit ergibt sich im Frühjahr 1527, als ein kaiserliches Heer gegen Rom marschiert. In der südlichen Poebene kommen sich Teile der Liga-Truppen und die Kriegsvölker des Kaisers nahe bis auf Sichtweite, ohne dass es zu einer direkten Auseinandersetzung kommt. Von einer leichten Anhöhe blickt Martin mit seinen Begleitern auf den sich nach Süden wälzenden Heerwurm, sieht verlotterte Söldnergestalten, die augenscheinlich aus Italien und Spanien stammen, aber auch die disziplinierten Abteilungen deutscher Landsknechte. Keiner der Kaiserlichen verschwendet zunächst einen Blick auf die ähnlich bekleideten Reiter am Wegesrand. Wirklich keiner?

Und dann die große nie erwartete Überraschung: aus den Reihen der spanischen Söldner erklingt plötzlich eine altvertraute Stimme aus karibischen Tagen: „Hola Martin, mi Amigo!"

Es ist tatsächlich sein alter Freund Miguel, der Martin fröhlich zuwinkt. Miguel führt als Locotenente ein Fähnlein von Spaniern an, die schon Wochen keinen Sold mehr gesehen haben. Es sind verwegene Gesellen, denen ein Menschenleben nichts gilt und Miguel braucht eine große Überzeugungskunst, um sie vor einem Angriff auf die Männer Martins abzuhalten.

Das Wiedersehen ist überschwänglich, wird am Abend kräftig begossen und gibt den letzten Anstoß für den Seitenwechsel. Martin und eine beträchtliche Zahl von Gleichgesinnten reihen sich nun ein in die kaiserlichen Kriegsvölker. Deren Führung ist heilfroh um den disziplinierten „Zuzug" und fragt nicht lange nach der Vorgeschichte.

Miguel berichtet seinem Freund von seinem Heimweh nach Europa, er konnte in den überseeischen Kolonien nie richtig Fuß fassen. Eine hoffnungsvoll begonnene Ehe scheiterte kläglich, als sich seine junge Frau lieber einer Gruppe von goldgierigen Desperados anschloss und Richtung Festland entfloh. Als man militärisches Begleitpersonal für die Silberschiffe Richtung Spanien suchte, ergriff er die günstige Gelegenheit.

Und er erzählt am Abend von den großen Schwierigkeiten, die das bunt zusammengewürfelte Heer seinem Befehlshaber

Karl von Bourbon bereitet: „Der französische Prinz möchte ich derzeit nicht sein. Erst hat er sich mit seinem König zerstritten, ist zum Kaiser übergelaufen und hat nun seine eigenen Landsleute zum Feind. Als kaiserlicher Befehlshaber hat er sich unlängst sogar vor seinen Untergebenen verstecken müssen. Am ärgsten gebärden sich die Italiener und meine Landsleute, die Spanier." Aber auch die deutschen Landsknechte, das merkt Martin sehr bald, sind zutiefst ergrimmt über den ausstehenden Sold und in einer aggressiven Stimmung.

Im Heer geht die Rede, in der Poebene bei Bologna wäre unlängst sogar der Landsknechtsführer Jörg von Frundsberg, ansonsten das Idol der Kriegsvölker, ernstlich bedroht worden. Der massige Kriegsmann hätte sich darüber so aufgeregt, dass er vor versammeltem Heer zusammengebrochen sei und zurückbleiben musste. Frundsberg, dessen Vorfahren aus dem Tiroler Unterland stammen, wird nie mehr an der Spitze der Landsknechte kämpfen.

Jörg von Frundsberg

160

Auf dem Marsch nach Rom
Mai 1527

Durch die umbrische Landschaft führt die alte römische Via Cassia, auf der die verwahrlosten Kriegsvölker in Habsburgs Diensten nach Süden ziehen, nein, hasten. Unbarmherzig werden die Marktflecken entlang des wichtigen Verkehrsweges zwischen der Toskana und Rom geplündert, und das ersehnte Ziel rückt immer näher. Seit das verlotterte Heer auf päpstlichem Gebiet ist, ist es nicht mehr zu halten. Nur mehr die Gier nach den Reichtümern der „Ewigen Stadt" sichert ein Mindestmaß an Disziplin. Die sanfte Hügellandschaft knapp vor Rom vermag die rauen Krieger nicht zu verzaubern, Hunger und die Hoffnung auf reiche Beute beherrschen die Kaiserlichen. Niemand hört auf einen entflohenen gelehrten Mönch, der sich unter die Kriegsknechte gemischt hat. Bruder Anselm will am abendlichen Lagerfeuer seine Kameraden mit der antiken Erzählung vom Raub der Sabinerinnen aufheitern. Aber er predigt tauben Ohren, denn die Gespräche der ausgehungerten Soldateska kreisen um die Schätze und Frauen Roms.

Martin und einige seiner Mitkämpfer aus dem Landgericht Rattenberg haben sich als Ordnungskräfte dem Profos Niklas Seidensticker unterstellt. Der stammt aus Innsbruck, wegen seiner Tapferkeit in früheren Schlachten wird er allgemein geachtet und von den deutschen Landsknechten auch noch halbwegs respektiert.

Die entfesselte Gier der italienischen und spanischen Söldner ist kaum mehr zu bändigen. Viele der vordergründig katholischen Spanier sind „Conversos", sind Juden, die man mit radikalen Mitteln gezwungen hat, der Religion ihrer Väter zu entsagen. Sie haben die feierlichen Autodafés mit den lodernden Scheiterhaufen nicht vergessen, auf denen die standhaften Juden verbrannt wurden.

Martin hat 1522 bei seinem Ritt durch Spanien in Cordoba zufällig eines dieser düsteren Schauspiele erlebt, das die Vollstreckung begleitet. Am Rasthaus der Söldner zog in den Abendstunden ein feierlicher Zug mit Fackeln und Kerzenlicht vorbei. An der Spitze Bewaffnete, dann folgten betende Mönche des Dominikanerordens und die Verurteilten, gekennzeichnet mit auffälliger Bekleidung, dem Sanbenito. Das schwarze Übergewand ist mit Flammen bemalt und weist auf das drohende Schicksal hin. Den Abschluss bildeten Amtsträger und die Mitglieder des Inquisitionsgerichtes. „Die Verurteilten sind vorwiegend Juden", hörte Martin vom Gastwirt, „von denen gibt' s hier noch viele aus der maurischen Zeit. Die sind zwar getauft, doch im Geheimen haben sie weiter ihrem alten Glauben die Treue gehalten. Aber die Inquisition hat sie entdeckt und nun müssen sie dafür büßen".

Eine Unmenge von Schaulustigen folgt dem Zug, auch Martin schließt sich halbherzig an. Auf dem Platz vor der Iglesia

Autodafé mit Feuertod

de San Miguel sind Tribünen errichtet worden und hier wird feierlich das Urteil verkündet. Dann übergibt das Santo Officio de la Inquisición die Totgeweihten dem weltlichen Gericht zur Vollstreckung. Auf diesen letzten Akt verzichtet Martin gerne, auf dem Rückweg lodern hinter ihm bereits die Feuer der Scheiterhaufen. Noch lange gellen in seinen Ohren die Schmerzensschreie der sich in den Flammen Windenden.

Im Morgendunst der ersten Maitage taucht in der Ferne das Häusermeer der „Ewigen Stadt" auf, die vor den kaiserlichen Kriegsvölkern erbebt. Zu lange hatten die Römer sich auf die Hilfe durch das Heer der „Heiligen Liga" verlassen und es für unvorstellbar gehalten, dass ein christliches Heer das Zentrum der Christenheit angreifen würde. Langsam erkennen Papst Clemens VII. und die Kurie den Ernst der Lage und bieten dem Angreifer eine große Summe – allerdings viel zu wenig. Die ausgehungerte und gereizte Soldateska fordert gebieterisch den gesamten ausständigen Sold und der ist ein Vielfaches der angebotenen Summe. Und die Gier nach den Schätzen und Frauen Roms wird übergroß!

Aber noch immer wollen die Führer des kaiserlichen Heeres den Sturm auf die Stadt vermeiden. Carl von Bourbon schickt verlässliche Mitkämpfer zweimal als Parlamentäre vor die Stadttore. Der teilnehmende Martin ärgert sich noch Jahre danach über die missglückten Versuche: Mit wehendem Banner näherten sich sprachenkundige Unterhändler dem verrammelten Stadttor in der Nähe des Petersdomes. Nach einem Trompetensignal erfolgte lautstark die Aufforderung, die „statt Rom zu öffnen in Kayserlich Majestät nammen". So beschrieb es ein Augenzeuge einige Jahre später dem Historiker Sebastian Münster. Aber die Besatzung der spärlich besetzten Mauern dachte nicht daran. Zweimal kam von den Zinnen die überhebliche Antwort, Trompeter und Parlamentärc mögen sich umgehend von dannen machen, ansonsten würde man sie hängen.

Das war allerdings nicht die Antwort, die sich die kaiserlichen Heerführer erhofft hatten und ein Wutschrei geht durch die kaum mehr zu bändigenden Kriegsvölker. Nun ist kein Halten mehr und schweren Herzens gibt Bourbon für den Morgen des 6. Mai 1527 den Angriffsbefehl.

Der falsche Papst und die Plünderer wüten in Rom.

Ein Bericht 20 Jahre später
Rattenberg, Mai 1547

Georg Haller, noch immer ein geachtetes Mitglied der Bergverwandten, hat sich mit seinen über 80 Jahren eine beachtliche Rüstigkeit bewahrt. Einsam ist es geworden um ihn, die
meisten seines Alters ruhen schon auf dem Friedhof von
Reith. Auch seine langjährige treue Gefährtin Anna ist nicht
mehr unter den Lebenden. Zum Erstaunen seiner Zeitgenossen ist der alte Grubenzimmerer aber noch sehr beweglich,
er schafft sogar den Weg hinein nach Rattenberg. Dort greift
er immer wieder zu einem jüngst erschienenen Buch von Sebastian Münster, das die finanziell starke Bruderschaft zur
Bildung ihrer wenigen lesekundigen Mitglieder erworben hat.
Schon der umfangreiche Titel erfordert seine Zeit:
*Cosmographey oder beschreibung aller Lender durch Se-
bastianum Munsterum / in welcher begriffen Aller völker
/ Herrschaften / Sitten / gebreuch /glauben / secten und
hantierung / durch die gantze welt und fürnemlich Teut-
scher nation …*
Der alte Bergmann nimmt nicht zum ersten Mal das schwere
Buch mit weit mehr als 1000 Seiten zur Hand, das für ihn
eine geistige Brücke zu seinem abwesenden Sohn darstellt.
Zielstrebig blättert er weiter bis zum „Vierdten Buch" (Ka-
pitel) über Italien und sucht den Bericht über die schreck-
lichen Ereignisse vom Mai 1527, die das gebildete Europa
entsetzten. Nicht zum ersten Mal verfolgen seine Finger die
Zeilen, die von einem welterschütternden Ereignis vor zwanzig Jahren künden. Inzwischen weiß er von einem heimge-
kehrten Landsknecht, dass auch sein Sohn darin verwickelt
war. Der Autor Sebastian Münster hat noch Augenzeugen-
berichte für sein Buch verwenden können. Die dürren Sätze
lassen das Grauen ahnen, das über die „Ewige Stadt" damals
hereinbrach:

Rom wird von den Keyserischen eingenommen ... Anno
Christi 1527 treib grosse noht des Keysers Volck in Italia,
daß sie gegen Rom eyleten, ihren hunger zu büssen / ... da
schicket der herzog von Borbon des Keysers volck oberster
Haupmann sein Trommeter zweimal ... die statt Rom zu
öffnen in Keyserlicher Majestet nammen. Da wart geant-
wortet dem trommeter/ er sollt sich bald hinweg machen
oder man wollt ihn hencken ...

Da die Keyerischen das vernahmen ... fielen sie zu Rom in
ein Vorstatt/ und in des Babsts Palast so drinnen ist/ und
erschlugen darinn bey fünff tausend Welsche... Also ward
die Vorstatt geplündert/ und flohe der Babst mit den Car-
dinälen und Bischoffen in das Castell Sanct Angeli. Da er-
schraken die Römer also übel/ daß sie nicht wussten wohin
sie in der eyl fliehen sollten/ und eylten ihnen nach zwey
Fehnlein Hispanier/ und schlugen ihnen manchen zu todt
... Es wurden die Kirchen S.Peters / Paul / Lorentzen/ ec.
geplündert und beraubt aller Gezierden und Kleynotern.
Darzu wurden ob zweyhundert Personen erschlagen in
S.Peters Münster vor dem Altar/ und also die gantze Statt

Rom durchauß/ viertzehen tag lang von den Teutschen und Hispaniern geplündert/ und übel geschedigt.

Der uralte Bergmann schließt kurz seine schmerzenden Augen, um sich das Geschehen vor zwanzig Jahren vorzustellen. Hat sich sein Sohn auch daran beteiligt, worüber dann im Buch zu lesen ist?

Es hat das Kriegsvolck auch viel mutwillen begangen mit den Nunnen und den jungen Töchtern/ auch mit den Edlen Jungfrauen un Matronen/ die die Römer also geschendet nachmals mit grossem Gelt haben müssen lösen: es seind auch die toten und erschlagenen Cörper/ deren bey acht tausend gewesen sind (etliche sagen bey zehen tausend) fünff oder sechs tag unbegraben gelegen ...

Bedrückt schließt er das schwere Buch und legt es sorgsam zurück in die Lade. Noch hat er die Hoffnung nicht aufgegeben, dass er vor seinem Lebensende seinen verschollenen Sohn nochmals in die Arme schließen kann. Wo mag er wohl jetzt sein? Hat er den Sacco di Roma tatsächlich überlebt?

Rom – Lateran

Papst Clemens VII.

Die Ewige Stadt im Inferno
Rom Mai 1527

Mit knapper Not kann Martin den wuchtigen Schwerthieb eines bulligen Schweizer Gardisten abwehren. Schon mehrfach ist er an diesem grauenvollen Vormittag dem Tode nahe gewesen, denn die Schweizer fechten wie die Löwen gegen die Übermacht der Kaiserlichen. Aber die Überlebenschancen der Schweizer Garde sind gering: Die deutschen Landsknechte waren in den nebelverhangenen Morgenstunden zunächst abgewehrt worden, hatten aber dann in der Stadtmauer ein unverschlossenes Ausfallstor entdeckt. Martin und Miguel waren unter den Ersten, die ohne größere Verluste in den vatikanischen Stadtteil Borgo Santo Spirito einzudringen vermochten.

In den engen Gassen nahe dem Petersdom beginnt ein blutiges Gemetzel, bei dem Martin seinen alten Freund Miguel gegen einen unerwarteten Angriff aus einer Seitengasse schützen kann. Vor der altehrwürdigen Kirche San Michele in Sassia liegen bereits die ersten Römer in ihrem Blut.

Ernsthaften Widerstand erleben die Eindringlinge erst auf dem Platz vor dem Petersdom, wo sie auf die kampfentschlossenen Schweizer Söldner des Papstes treffen. Mit doppelter Wut – inzwischen ist die Kunde von der tödlichen Verwundung des kaiserlichen Oberbefehlshabers Bourbon bekannt geworden – stürzen sich die lutherischen Landsknechte und die rachedurstigen Spanier auf die tapferen Alpensöhne, die dem Papst bis zum Tode die Treue halten. Der soll inzwischen, so hören die Kämpfenden, mit einigen Kardinälen über einen Geheimgang in die feste Engelsburg geflüchtet sein.

Der Platz und der halbfertige neue Petersdom sind Schauplatz einer erbarmungslosen Auseinandersetzung, bei der die Verteidiger keine Gnade erwarten können. Ein Blutbad bahnt sich an, selbst in den geheiligten Kirchenräumen rast die Todesfurie. Weder Geistliche von Zivilpersonen werden verschont. In den Pulverdampf mischt sich zunehmend der süßliche Geruch des vergossenen Blutes, der Platz ist übersät von toten und sterbenden Menschen. Und schon beginnen die spanischen Söldner mit ihren Plünderungen und hetzen ungehemmt den Frauen nach. Martin will sich den entfesselten Kriegsknechten in den Weg stellen, da trifft ihn von hinten ein schwerer Schlag am Kopf ...

Mit schmerzendem Schädel wacht er im Lager der deutschen Fähnlein auf dem Campo de' Fiori auf. An seiner Liege stehen ein besorgter Miguel und ein erschöpfter Feldscher. „Amigo!" ruft der sichtlich erleichterte Spanier, „ich habe schon geglaubt, du bist tot. Du bist blutüberströmt unter Leichen gelegen, aber es war gottlob nur eine Fleischwunde am Schädel. Der Helm hat dich gerettet. Während du bewusstlos warst, hat dich Meister Meinhard, der aus deiner Heimat stammt, behandelt. Der weiß als Tiroler, wie man mit euch Dickschädeln aus dem Gebirgsland umzugehen hat."

Gellende Schreie und Brandgeruch machen Martin aufmerksam: „Was tut sich in der Stadt? Hat man den Papst entkommen lassen?" Miguel verneint: „Der sitzt noch in der Engelsburg, aber in der Stadt ist die Hölle los. Ich möchte derzeit kein Römer sein – und schon gar nicht eine Römerin. Sei froh, dass du die letzten vier Tage nicht bei Bewusstsein warst. Wir haben keine Macht mehr über unsere Leute!"

Martin ist entsetzt: „Das können wir nicht zulassen! Plündern ist gut und recht und allgemeiner Kriegsbrauch, aber dieser Blutrausch ... Wo sind meine Tiroler, kann man denen noch trauen?" Resignierend hebt der junge Spanier seine Hände: „Schau dich um, hier ist keiner mehr, der für Ordnung sorgen will. Das Wüten ist ansteckend, selbst bei den deutschen Landsknechten und deinen Kameraden".

So streifen die beiden Freunde allein durch die Gassen der sterbenden Stadt, tauchen ein in ein unbeschreibliches Infer-

Die Engelsburg, päpstliche Zuflucht

no, erleben Plünderungen und grauenhafte Untaten und sehen wenige Möglichkeiten, der Bestie Mensch Einhalt zu gebieten. Ein verzweifelter Hilfeschrei lässt sie in eine dunkle Nebengasse eilen, wo zwei Kriegsknechte mit ungehemmter Brutalität eine junge Frau zu Boden reißen. Die Kommandorufe Miguels verhallen ungehört, Schwerter blitzen, es kommt zum Kampf und bald wälzen sich die Plünderer in ihrem Blut.

Martin hüllt das zitternde Mädchen in eine unscheinbare Kutte; wenigstens diese Frau soll vom Wüten der entfesselten Soldateska verschont bleiben. Der Schock hatte der jungen Italienerin zunächst die Stimme geraubt, dann tut sie flüsternd ihren Rettern kund, sie sei Anna-Maria Bortolotti und wäre eigentlich in Frascati wohnhaft.

Sie hatte zwei ältere Tanten begleitet, die zu heiligen Stätten in der Ewigen Stadt gepilgert waren: „Wir hätten noch recht-

171

zeitig aus der Stadt fliehen können, aber meine Tanten Cornelia und Ornella wollten unbedingt noch zur Lateranbasilika. Dort sind kostbare Reliquien, die Häupter von Petrus und Paulus, die sie besonders verehren." Händeringend hatte die besorgte Dienerschaft gewarnt und auf schnelle Heimkehr gedrängt, aber die starrsinnigen Damen setzten ihren Willen durch. So konnte die säumige Gruppe der Mordorgie nicht mehr entrinnen. Im großen Innenraum der Basilika hatten sich viele verängstigte Römer eingefunden, die sich in den geheiligten Räumen Schutz vor der näherkommenden Kriegsfurie erhofften. „Das ist die ehrwürdigste Kirche der Stadt", hatte ein Kleriker die zitternde Menge beruhigt, „sie ist die Mutter und Haupt aller Kirchen der Stadt und des Erdkreises. Sie werden es nicht wagen, das Gotteshaus zu entweihen!" Aber die eindringenden Söldner stürzten sich ungehemmt wie wilde Tiere auf die entsetzt aufschreienden Menschen.

Auch der reiche Reliquienschatz in der nahen Cappella del Sancta Sanctorum vermochte den bedrängten Pilgern nicht zu helfen, vergebens waren die innigen Gebete. Nur Anna-Maria überlebte dank ihrer jugendlichen Schnelligkeit das Inferno, Tanten und Dienerschaft erlitten einen grauenhaften Tod. In einem verborgenen Kellerraum hatte sie die ersten Tage überstanden, bei ihrem nächtlichen Fluchtversuch war sie von Plünderern entdeckt worden.

Mit viel List schmuggeln die Freunde die junge Italienerin in den Abendstunden durch die Ruinen des alten Forum Romanum, vorbei an den sinnlos betrunkenen Soldatenhorden. Im flackernden Licht der brennenden Häuser erhebt sich die hoch aufragende Säule des römischen Kaisers Trajan. Der wird keine Beachtung geschenkt, das Ziel der kleinen Gruppe ist der nahe Palazzo Colonna, ein burgartiges Gebäude. Trotz seines immer noch schmerzenden Schädels kann sich Martin an eine Bemerkung im deutschen Heerlager erinnern,

Palazzo Colonna, Zuflucht im Inferno

dass der Palast im Besitz einer kaiserlich gesinnten Familie vielen Römern einen vielleicht nur trügerischen Schutz gewähren kann. Das weitläufige Gebäude nahe dem alten Forum ist bereits mit verängstigten Menschen überfüllt, die Grauenhaftes erleben mussten. Der Palast ist leicht zu verteidigen und wird von mürrischen Landsknechten bewacht, die sich ihre Dienste teuer bezahlen lassen.

Martin ist bei den kaiserlichen Kriegern inzwischen kein Unbekannter mehr und man ist heilfroh um seine Unterstützung, denn die Wachmannschaft verringert sich täglich – die einmalige Gelegenheit zur Plünderung und zu anderen Verbrechen ist zu verführerisch. Mit Mühe erwehren sich die wenigen Wachen des mehrfachen Ansturmes gieriger Söldner aus dem kaiserlichen Heer, die jegliche Disziplin verloren haben.

Endlich, nach einigen Tagen anstrengenden Wachdienstes, kommt die erlösende Nachricht, dass eine Schwadron kaiserlicher Reiter bereit ist, die verängstigten Menschen aus der verwüsteten Stadt zu geleiten – gegen gutes Geld, versteht sich.

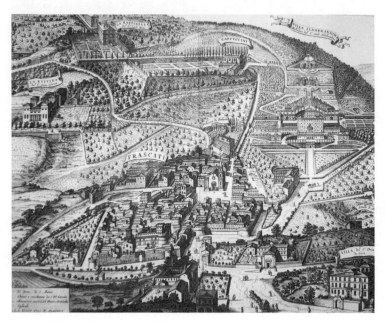

Frascati

Friedliche Tage unter Weinreben
Frascati, Herbst 1528

Ein verirrter Sonnenstrahl weckt Martin, muntere Vögel zwitschern bereits auf den uralten Olivenbäumen rund um den behäbigen Gutshof. Ein schöner Septembermorgen kündigt sich an, von der nahen Kirche Santa Agatha rufen die Glocken zur Frühmesse. Martin will sich aufrichten, merkt aber sofort seine Schwäche und sinkt seufzend auf seine Liege zurück. An Aufstehen ist noch nicht zu denken, obwohl die Krankheit im Abklingen ist.

Dass der Tiroler überhaupt noch am Leben ist, verdankt er glücklichen Umständen und der Hilfe der Familie Bortolotti. Die war überglücklich, ihre einzige Tochter unversehrt in die Arme schließen zu können. Man hatte schon die Hoffnung aufgegeben, dass Anna-Maria das römische Inferno überstehen würde. Umso größer war die freudige Überraschung, als sie der schwer bewaffnete Martin in den frühen Morgenstunden den Eltern übergeben konnte.

Die kleine Gruppe hatte einen gefahrvollen Weg bewältigt, marodierende Söldnerhorden durchstreiften auch die Umgebung Roms. Gleich hinter der Stadtgrenze Roms kam es zu einem hitzigen Gefecht mit betrunkenen Landsknechten, die einige Flüchtlinge tödlich verwundeten. Bei der ersten Gelegenheit hatten sich dann die meisten Geretteten in alle Winde zerstreut. Auch viele der Söldner haben sich schon klammheimlich davon gemacht, die anderen drängen auf eine schnelle Rückkehr nach Rom, die Verlockungen sind gar zu groß.

Nur mehr wenige Bewaffnete scharen sich um die verängstigten Flüchtlinge. Endlich erreicht die kleine Gruppe nach einem nächtlichen Ritt den 21 Kilometer südöstlich von Rom gelegenen Weinort Frascati in den Albaner Bergen. Das Städtchen, seit alters her bekannt für seinen süffigen Weißwein, ist von der Kriegsfurie verschont geblieben.

Dort, in einiger Entfernung von der brodelnden Stadt, besitzt der Kaufmann Nicolo Bortolotti ein großes Weingut in beherrschender Lage auf einem Hügel. Eine Anzahl treuer Diener steht zur Abwehr möglicher Plünderer bereit, aber viele haben erstmals eine Waffe in der Hand und es fehlt ihnen nicht der Mut, aber die militärische Erfahrung. So spricht der begüterte Italiener mit Martin ein ernstes Wort: „Signore, Ihr habt meine Tochter gerettet, beschützt nun auch meine Familie und mein Hab und Gut. Man hat umherstreifende Plünderer auch schon in der Nähe der Albaner Berge gesehen. Bei einem entschlossenen Angriff könnte es uns übel ergehen. So bitte ich euch innig, übernehmt für einige Zeit das Kommando über meine Dienerschaft und lehrt sie das Kriegshandwerk. Es soll euer Schaden nicht sein". Der flehende Blick Anna-Marias gibt für Martin den Ausschlag: „Signor Nicolo, ich bin Euer Mann!"

Martins Entschluss zum Bleiben hat mehrere Gründe: derzeit herrscht in Rom die Hölle und der Tiroler will nicht machtloser Zeuge der grausamsten Verbrechen sein, obwohl er als kriegserfahrener Söldner in Italien und der Karibik schon einiges erlebt hat. Andere Flüchtlinge berichten, dass dem kaiserlichen Heer in der Ewigen Stadt jedwede Disziplin abhanden gekommen ist, aus den Kriegsvölkern wurde eine raubende, mordende und vergewaltigende Masse. Von Frascati aus ist der Feuerschein des brennenden Roms, der den nächtlichen Himmel im Nordwesten rötet, zu erblicken. Der Gutshof der Bortolottis ist eine Insel des Friedens und Martin genießt die ruhigen Tage in den Albaner Bergen. Er spürt, Anna-Maria sucht immer wieder seine Nähe und zunehmend betrachtet er die junge Frau mit anderen Augen. Ein längerer Verbleib in dieser wunderbaren Umgebung erscheint ihm nicht mehr unwahrscheinlich.

Aber er muss nochmals zurück nach Rom: Verkleidet als Bettler besucht er die verwüstete Stadt, um einige Kameraden für seine kleine Wachmannschaft anzuwerben. In die gezüchtigte Stadt ist inzwischen eine weitere Plage eingezogen, ein düsterer Gesell, genannt der „Schwarze Tod", der weder Freund noch Feind verschont.

Auch unter den Kriegsvölkern holt sich die Pest ihre Opfer. Tief betroffen steht Martin am Sterbebett seines alten Freundes Miguel, der ihm todmüde entgegen lächelt: „Amigo, die nächsten Schlachten musst du ohne mich schlagen. Ich spüre, mich hat's böse erwischt." Mit zittriger Hand überreicht der junge Spanier seinem Tiroler Freund verstohlen ein Stück Pergament mit einem grob gezeichneten Stadtplan: „Im Forum Romanum habe ich neben dem Titus-Bogen mein Geld vergraben. Hol' es dir, ich kann's wohl nicht mehr brauchen." Erschüttert flieht der Tiroler aus der verpesteten Stadt, in der sich abermals die Leichen häufen.

Schon beim scharfen Ritt zurück nach Frascati überfällt Martin der erste Fieberschub; im Weingut angekommen fällt er kraftlos vom Pferd. Geschockt ruft die Familie Bortolotti einen erfahrenen Medicus, der sofort die Anfänge der tückischen Seuche erkennt und seine Verlegung in eine abgeschiedene Hütte veranlasst. Martin hat sich den Krankheitskeim wohl bei seinem todkranken Freund Miguel geholt. Wird er ihm in das Reich der Schatten folgen?

Tagelang ringt der junge Tiroler mit dem Tod, das Fieber steigt in beängstigende Höhe. Trotz der Ansteckungsgefahr, vor der der Medicus Don Bartolo nicht eindringlich genug warnen kann, bleibt die junge Kaufmannstochter in der Nähe des Kranken: „Er hat mein Leben gerettet; nun kann ich ihn nicht allein lassen!"

Plötzlich, an einem schönen Spätsommertag, ein Hoffnungsschimmer: Der Kranke erwacht aus seinem Dämmerschlaf und er erkennt seine Umgebung. Noch ist er sehr matt, aber das Fieber geht langsam zurück. Die robuste Natur des Tiroler Söldners und die stärkenden Mittel des Medicus tun ihre

Wirkung. Mit strahlender Miene beugt sich die junge Kaufmannstochter über den abgemagerten Jüngling: „Gott sei Dank! Ich habe zur Madonna von Genazzano gebetet – ihr Bild hängt in meinem Schlafzimmer und ich habe ihr eine Wallfahrt versprochen – und die hat geholfen! Nun bin ich sicher, du wirst wieder gesund!" Matt lächelt Martin zurück: „Ich habe zugesagt, euch zu beschützen. Da kann ich mich nicht davon machen."

Drei Wochen später: die Natur hat ihr buntes Herbstkleid angelegt und in Frascati hat die Weinlese begonnen. Hochbeladen mit hellen Trauben wanken die Karren den Weinpressen zu, fröhliche Menschen versammeln sich unter den Reben und feiern den jungen Wein.

Noch schwach auf den Beinen mischt sich Martin unter die fröhliche Menge. Man macht ihm bereitwillig Platz, dunkeläugige Mädchen lachen ihn an, aber auch manch misstrauisch-finsterer Blick trifft ihn. Der hochgewachsene Tiroler unterscheidet sich deutlich von den Einheimischen und viele vermuten zu Recht einen deutschen Landsknecht aus dem Heer des Kaisers. Von denen hat man Schreckliches gehört

Weinlese

und das feindselige Gemurmel schwillt an: „Was macht der verfluchte Tedesco in Frascati? Will er uns ausspionieren?" Mit einiger Mühe muss Nicolo Bortolotti die Sachlage klären, was zu einem Stimmungsumschwung führt.

Martin findet sich in einer fröhlichen Runde wieder und der süffige junge Wein fließt in Strömen. Aber er vermisst Anna-Maria, bis er sie in einer anderen Runde an der Seite eines jungen Mannes erblickt. Das junge Mädchen meidet sichtlich verlegen seinen fragenden Blick. Ihr Vater, der die beiden jungen Menschen beobachtet hat, winkt den Tiroler beiseite: „Mio caro! Wir wollten es dir schon lange sagen, aber dann kam deine Krankheit dazwischen. Anna-Maria ist schon länger mit Matteo Calvi verlobt und die Hochzeit soll nächstes Jahr sein. Matteo ist der Sohn meines engsten Geschäftspartners aus Ostia." Und der alte Kaufmann ergreift flehend die Hand Martins: „Wir werden dir immer unendlich dankbar sein, denn du hast das Leben unserer einzigen Tochter gerettet. Und ich habe mit Sorge betrachtet, dass zwischen euch eine tiefe Zuneigung entstanden ist. Aber ich bitte dich innigst, bringe sie nicht in einen Herzenskonflikt, denn eine Heirat mit dir wäre unmöglich!"

Martin wird schlagartig nüchtern, der Wein schmeckt plötzlich schal und überstürzt verlässt er die fröhliche Runde. Nur einige wenige friedliche Wochen waren ihm vergönnt. In seinem Quartier packt er hektisch seine wenigen Habseligkeiten. Mit Geld ist er dank seines verstorbenen Freundes Miguel genügend ausgestattet, auch Bortolotti hat ihm einiges zukommen lassen.

Mit verhaltener Wehmut verlässt er heimlich Frascati, den Ort, an dem er kurzfristig Frieden gefunden hatte und lenkt seine Schritte nach Norden. Kaiserliche Söldner sind derzeit in Italien nicht besonders beliebt, so wird er sich als zurückkehrender Pilger ausgeben. Von denen sind viele unterwegs auf den Straßen Italiens und fallen nicht auf.

8. BÖSE ZEITEN AM INN

Ein grausamer Zwiespalt
Landgericht Rattenberg, 1528-1530

Gegen Mitternacht, in einer mondhellen Julinacht, legen zwei Innschiffe an einer verschwiegenen Uferstelle unterhalb von Rattenberg an. Aus der Dunkelheit am Ufer schälen sich mehrere Gestalten, die sich eilends an Bord begeben. Die Besatzung dürfte die Fahrgäste eigentlich gar nicht mitnehmen, denn es sind strengste Strafen angedroht. Aber die Zunft der Innschiffer besteht aus rauen Gesellen, die sich von der Obrigkeit wenig sagen lassen und durch ihre Beweglichkeit nur schwer erreichbar sind.

Die Innschiffer sind zwar ein eigenwilliges Völkchen mit einem besonderen Ehrenkodex, aber sie sind nicht herzlos. So bieten sie den verfolgten Täufern die Möglichkeit, durch Flucht ihrer Überzeugung treu bleiben zu können. Aber es sind herzzerreißende menschliche Tragödien damit verbunden, denn häufig können die kleineren Kinder ihre Eltern nicht begleiten. Oft muss in größter Eile gehandelt werden, da bleibt keine Zeit für einen geregelten Abschied. Daneben verblasst, dass durch die Flucht der Besitz dem Staat verfällt.

In eine geschützte Ecke des Bootes haben sich mit wenigen Habseligkeiten der Müller Hans Niederhofer und seine Gefährtin Marie gekauert. Der einst so ausgeglichene Mann wird

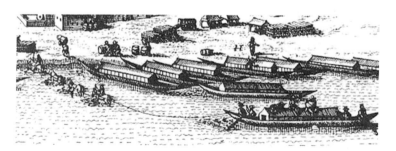

von einem Weinkrampf geschüttelt. Er musste seinen minderjährigen Sohn unter der Obhut einer treuen Magd zurücklassen, in der vagen Hoffnung, diesen irgendwann nachholen zu können.

Die letzten Monate waren eine böse Zeit: Im Jänner 1528 hatten die Büttel des Rattenberger Stadtrichters die Mühle am Alpbach gestürmt und das Paar in den Kerker von Rattenberg verbracht. Nach drei Wochen demütigender Kerkerhaft gab es am 24. Februar einen Hoffnungsschimmer: bis Palmsonntag, so das „großherzige" Angebot, bestünde die Möglichkeit eines Widerrufs. Aber so einfach lässt die Obrigkeit die „bereuenden Ketzer" nicht gehen: Mit Entsetzen sind die Dorfbewohner Zeugen der öffentlichen Auspeitschung des Paares, an drei Sonntagen im April musste es in der neuen Kirche seine Ketzerei bereuen und widerrufen. Auch die Gefängniskosten waren zu bezahlen. Eine Bitte um Milderung des Urteils war zuvor fehlgeschlagen, dazu kam das Verbot, das Gebiet des Landgerichtes zu verlassen. Bei der ersten Gelegenheit flüchteten Niederhofer und seine Gefährtin, gemeinsam mit Georg Gschäll aus Kramsach.

Dem waren seine guten Beziehungen zum Kloster Mariatal aus besseren Tagen sehr hilfreich. Durch die Hilfe der jungen Priorin Katharina Haun hat er sich der Verhaftung entzogen, für einige Tage kann er sich im Kloster verbergen. Den Schwestern wird zwar ein „unordentlich und unclösterlich wesen" vorgeworfen und eine strenge Visitation angedroht, aber sie haben sich ein Herz für Verfolgte bewahrt. Besonders Sr. Gertrudis, die vor ihrem Klosterleben als Lisbeth Burglechnerin am Hof Oberkienberg aufgewachsen ist, kümmert sich mit großer Hingabe um den Täufer. Zu nächtlicher Stunde verlässt ein dankbarer Georg Gschäll sein Asyl, schleicht durch das schlafende Kramsach zum Inn. Eine Zille bringt den jungen Täufer auf das andere Innufer. Dort, verborgen im Gebüsch, harren schon viele Flüchtlinge der rettenden Innschiffe.

Vergeblich hält Georg Ausschau nach seinem älteren Bruder und der Magd Veronika Neuhauserin. Der früher so lebenslustige Bauer murmelt verzweifelt: „Wo sind sie denn? Die Schiffer können und wollen nicht mehr warten und bald graut der Morgen!" Beide erreichen nicht die rettenden Schiffe. Die langjährige treue Magd am Gschällhof hatte es nicht über ihr Herz gebracht, Rinder und Schafe allein zu lassen und verzögerte ihre Flucht, bis es zu spät war. Im September 1529 wird sie vor einem „Malefizgericht" stehen und mutig in den Tod gehen. Christian Gschäll kann nach Südtirol flüchten und wird dort den Täuferführer Jakob Huter unterstützen, bis auch er in die Fänge einer unerbittlichen Justiz gerät.

In der betriebsamen Stablmühle auf der anderen Innseite geht zunächst alles seinen gewohnten Gang, wenn auch inzwischen die alte Mutter ihrer schweren Krankheit erlegen ist. Aber es ist nur eine Frage der Zeit, bis der lange Arm des Gesetzes auch nach dem aufrechten Müller und seinen Gesellen greifen wird. Noch haben die „Stäbler" eine Gnadenfrist, denn die Kerker von Rattenberg sind inzwischen übervoll. Aber Wilhelm Dänkl ahnt, dass seine Freiheit bedroht ist und ihm und seinen Müllergehilfen bald das „Malefizgericht" drohen kann. Mit Agnes, der er inzwischen voll vertraut, spricht er ein ernstes Wort: „Wahrscheinlich werden wir bald vom hohen Gericht in Rattenberg vorgeladen und wie der strenge Richter entscheiden wird, nein, muss, haben wir bereits mehrfach gesehen. Da helfen auch meine guten Beziehungen nicht mehr. Selbst der Rattenberger Bergrichter hat ohne seine Kinder Hals über Kopf flüchten müssen."

Dänkl spielt auf das Schicksal von Pilgram Marpeck an, einer in Rattenberg hochverehrten Persönlichkeit, dem seine Sympathien für die Hutterer zum Verhängnis geworden sind: „Gottlob ist er noch gewarnt worden. So konnte Marpeck seine Heimatstadt noch rechtzeitig verlassen, manche sagen: in Richtung Brixental. Seine armen Kinder tun mir leid, was wird wohl mit ihnen geschehen? Sein Nachfolger Wolfgang Schönmann kommt aus Hall. Er wird der neue Bergrichter. Von dem haben wir keine Gnade zu erwarten!"

„Deshalb müssen wir Stäbler vorsorgen", setzt Dänkl fort, „die Behörden verdächtigen uns schon lange und die Zusammenkünfte in meinem Haus sind trotz aller Vorsicht nicht unbemerkt geblieben. Wenn wir unserem wahren Glauben treu bleiben, aber weiterleben wollen, bleibt uns nur die Flucht". Tief bewegt legt er die Hände auf ihre Schultern: „Ich werde noch nach einem Ausweg suchen, aber vielleicht muss ich dir meine Kinder anvertrauen, bis wir sie nachholen können. Du hast dich immer im Hintergrund gehalten und so weiß bis jetzt niemand, dass du uns Hutterern nahestehst und so soll's auch bleiben."

Starke Ängste beengen die Brust von Agnes, denn auch sie sorgt sich um ein Kind. Die heiße Liebesnacht mit Martin in den Ruinen von Mehrnstein ist nicht ohne Folgen geblieben: Im darauffolgenden Winter hat sie ein Knäblein geboren, das seinem fernen Vater immer ähnlicher wird. Mit tiefer Dankbarkeit nahm sie das großzügige Angebot Wilhelm Dänckls an, weiterhin als Magd in seinem Anwesen verbleiben zu können. Der kleine Niklas, inzwischen schon fünf Jahre alt, konnte mit den Kindern des Müllers aufwachsen, aber auch die Großeltern unterstützten ihren Enkel nach Kräften. Werkmeister Halbwirth ist geradezu vernarrt in Niklas und hat seiner Tochter längst verziehen.

Die trüben Vorahnungen des wackeren Müllers erfüllen sich schneller, als ihm lieb ist. Schon in der folgenden Nacht pocht es verstohlen an seine Hintertür. Noch sind es nicht die brutalen Büttel des Gerichtes, die ganze Familien wie die Heubergers oder die Gasteigers aus Radfeld in die Kerker schleppen, sondern der zwölfjährige Johann Dorfer. Ein Gerichtsschreiber ist dem Stablmüller wohl gesonnen und lässt ihm durch seinen Sohn eine dringende Warnung zukommen: „Rette dich so schnell wie möglich! Du und deine Müllergesellen stehen schon auf der Liste und sollen in den nächsten Tagen vorgeladen werden."

Erst jetzt erkennen die örtlichen Behörden aufgeschreckt die große Anzahl der Täufer im Landgericht Rattenberg, die sich nach einem Südtiroler Täuferführer auch als „Hutterer" bezeichnen. Beklommen melden die Rattenberger nach Innsbruck, dass besonders Radfeld durchwegs „widertaufferisch" gesonnen sei und ganze Familien dem verderblichen Irrglauben anhingen. Auch in Kramsach und Brixlegg vermutete man große Ketzernester. Selbst in das Rattenberger Badhaus seien die verderblichen Lehren eingedrungen, man habe den Bader Michael Huber als Ketzer verhaften müssen.

„Das hat uns gerade noch gefehlt", murmelt ein Ratsherr beim Bier im Kremerbräu erzürnt, „davor hatten wir den Kentler Sepp als Bader, der uns lange seine ansteckende ‚malor franzoso' – vermutlich Syphillis – verheimlicht hat, beim Nächsten haben wir uns über die verlotterten Räumlichkeiten geärgert und jetzt hat man nicht einmal im Badezuber Ruhe von den Glaubensstreitigkeiten!" Ein anderer Ratsherr beugt sich zu seinem wesensverwandten Nachbarn und flüstert: „Was, Ruhe …! Was mich viel mehr ärgert: Die kecke Bademagd Josefa ist auch nicht mehr da. Die ist mit dem derzeitigen Bader, dem Jakob Mörschweiger, durchgebrannt. Schade, so eine finden wir so schnell nicht wieder, die war doch immer sehr … hm … hilfreich". Und noch eine Hiobsbotschaft macht in der Männerwelt Rattenbergs die Runde: „Man erzählt, die wollen sogar unseren Ehefrauen den Eintritt ins Badehaus gestatten. Die Zeit ist wahrlich verrückt geworden!"

Der „irrgläubige" Bader war für die Landesbehörden das kleinste Problem, das mochten die Rattenberger selber regeln, da gab es ganz andere Herausforderungen: Die Täufer waren weniger unter den Bauern, denn unter den Bergverwandten des hiesigen Reviers stark verbreitet. Die bisherigen Drohungen, harten Strafen und weitere Maßnahmen wie die Bemühungen der Schwazer Bettelmönche hatten offensichtlich keine Wirkung gezeigt. Das konnte man nicht hinnehmen, abweichende Lehren mit Unruhen im empfindlichen Bergbaubereich waren das Letzte, was man brauchen konnte. Das Silber und Kupfer Tirols waren zu wichtig für die große Politik.

Getrieben von den unerbittlichen Vorgaben des Landesfürsten muss gehandelt werden. Von Innsbruck kommt die strenge Anweisung zu einem großen öffentlichen Blutgericht, das, glaubt zumindest das Regiment (= Landesregierung), abschreckend wirken soll. So erwarten am 11. Mai 1529 18 Verurteilte ihre Hinrichtung. Es ist ein düsterer Tag, dieser „blutige Mittwoch", und die Sonne verbirgt sich hinter dichtem Gewölk, als ob selbst die Natur die menschliche Grausamkeit missbilligen würde. Die Verurteilten werden begleitet von bewaffneten Bürgern aus Rattenberg, die ihren Widerwillen für diesen verordneten Dienst mehr als deutlich zeigen. Bewegt stehen die Menschen am Rande des Weges, auf dem die verurteilten Täufer in fester Haltung ihrem Tod entgegen gehen. Einige abfällige Rufe wie „Nieder mit den Ketzern! Fahrt zur Hölle!" finden wenig Widerhall. Viele mitleidige Blicke aus tränennassen Augen verfolgen den traurigen Zug und Hände werden geschüttelt, selbst auf die Gefahr der eigenen Verhaftung hin.

An der Spitze reiten der Stadtrichter Prannt und der Rattenberger Burghauptmann Christoph Philipp von Lichtenstein. Beide können ihre Bewunderung für die mutige Haltung der todgeweihten Täufer schwer verbergen. „Betrachtet die Frauen, Hauptmann, mit welcher Stärke sie in den Tod gehen!", wendet sich der Richter halblaut an seinen Nachbarn, „da könnten sich Eure Söldner ein Beispiel nehmen!" Der adelige Offizier stimmt nachdenklich zu: „Diese öffentliche Hinrichtung ist ein dummer Fehler, das spüre ich. Damit erreichen wir genau das Gegenteil und führen den Ketzern neue Anhänger zu!" Und mit scheelem Seitenblick auf den schwer bewachten Scharfrichter am Ende des Zuges: „Der Freimann hat jedenfalls viel zu tun im Landgericht Rattenberg, die Kerker in der Burg sind noch lange nicht leer. Zwei Gulden bekommt er für jede arme Seele, die er vom Leben zum Tode befördert. Das ist schnell getan; für zwei Gulden müssen Landsknechte eine Woche fechten – wenn sie's überleben."

Die junge Agnes Neuwirth steht unter den Zuschauern und mustert bang den Zug der Todgeweihten. Ist ihr Dienstherr Wilhelm Dänkl unter den Verurteilten? Sie erblickt mit tränenfeuchten Augen alte Bekannte aus Radfeld wie das Ehepaar Anna und Balthasar Heuberger, dahinter bleich, aber festen Schrittes ihre alte Mutter Ursula; oder auch den Handwerker Valentin Schmid mit seiner Frau Magdalena. Die Kleinbauern

Verurteilung und Hinrichtung

Der Galgen am Ziller.

Georg Mayr und Melchior Benedikt von Zimmermoos kennt Agnes von einer Täuferversammlung im Hagauer Wald. Auch der junge Müllergeselle Heinz Ritter ist im Zug der Todgeweihten. Sie alle wären dem Henker entgangen, wenn sie ihrem Glauben abgeschworen hätten.

Aber der Stablmüller ist nicht zu erblicken, die hochgewachsene Gestalt wäre nicht zu übersehen. Schmachtet er noch im Kerker zu Rattenberg? Ein Junge zupft an ihrem Rock. Es ist Johann, der aufgeweckte Sohn eines Gerichtsschreibers in Rattenberg: „Ich soll dir von meinem Vater sagen, große Aufregung auf der Festung, denn der Dänkl ist entwichen. Der muss gute Freunde haben, seine Zellentür ist offen geblieben und die Torwächter waren – wieder einmal – heillos betrunken." Und mit einem vorsichtigen Seitenblick flüstert Johann: „Er soll schon auf einem Schiff sein, seine Familie hat's teilweise auch geschafft! Der Inn trägt sie – sagt man – nach Osten; ich habe was von Böhmen gehört."

Agnes kann ihre Erleichterung kaum verbergen und nach einem letzten mitleidigen Blick auf den Zug der Verurteilten schleicht sie ins Oberdorf, um das Schicksal der Kinder Dänkls zu erkunden. Ihren Sohn Niklas hat sie wegen der Warnungen des Stablmüllers schon vor einigen Tagen vorsichtshalber zu den alten Hallers gebracht.

Geschützt vom Gebüsch der nahen Anhöhe, genannt Mühlbichl, wirft sie einen vorsichtigen Blick auf die Stablmühle. Ächzend dreht sich das Wasserrad, ohne gebraucht zu werden. Das sonst so betriebsame Anwesen scheint menschenleer zu sein, keine Gerichtsdiener sind zu erblicken, nur die alte Magd Kreszenz gräbt eifrig im Gemüsegarten hinter dem Haus. Bei Einbruch der Dämmerung wagt sich Agnes näher und späht durch die Fenster nach dem Verbleib der Kinder.

Unversehens trifft sie auf die alte Kreszenz: „Um Christi Willen, Agnes, was machst du hier? Du musst den Kindern nicht helfen, der Wilhelm hat eine Lösung gefunden." Die treue Magd berichtet, dass zwei der Kinder noch vor der Festnahme Dänckls zu einem verlässlichen Bauern in das schwer zugängliche Brandenberg gebracht worden seien. Der zwölfjährige Anton konnte seine Eltern auf der Flucht begleiten, nur der vier Wochen alte Säugling musste in der Eile des Aufbruchs zurückgelassen werden. Der Mutter hätte es fast das Herz gebrochen, nur mit sanfter Gewalt konnte sie zur Flucht bewogen werden. Der kleine Hans sei mit Einverständnis der Behörde bei rechtgläubigen Verwandten in Reith untergekommen.

Mit verschmitztem Gesichtsausdruck: „Die Rattenberger Büttel haben heute Vormittag die Mühle genau durchsucht und auch mich eingehend befragt. Ich habe mich dumm gestellt. Das kann ich, wenn' s sein muss, recht gut."

Energisches Pochen lässt die beiden Frauen erschrecken, wer mag das wohl sein? Ängstlich spähen sie hinaus durch die Butzenscheiben und erblicken im Licht der flackernden Fackeln einen Trupp von Bewaffneten. „Das habe ich nicht erwartet", flüstert Kreszenz, „dass die Schergen am Abend nochmals zurückkehren. Da sind ungute Kerle dabei, sie dürfen dich keinesfalls sehen." Während die alte Magd die hörbar betrunkenen Männer mit Jammern hinhält, sie müsse erst den Haustürschlüssel finden, huscht Agnes davon. Nun macht sich ihre Ortskenntnis bezahlt, vorbei am ächzenden Mühlrad benützt sie einen unbewachten Seitenausgang, der unterhalb des Gerinnes Richtung Alpbach führt. Der Bach führt derzeit Niedrigwasser und ist ein guter Schleichweg. Die schmale Mondsichel spendet nur wenig Licht, so kann sie sich unbemerkt entlang des Gewässers entfernen.

Werkmeister Neuwirth ist heilfroh, seine einzige Tochter gegen Ende dieses traurigen Tages unversehrt in die Arme schließen zu können. Seine erste Frage gilt dem Verbleib des Enkels. Aber am nächsten Morgen findet Agnes entsetzt ihren Vater tot im Bett – die Aufregungen und die Sorge um Kind und Enkel haben das Herz des einst so kräftigen Mannes gebrochen. Er hatte wohl mehr als er sagte, von der Beziehung seines Kindes zu den Täufern gewusst.

Einige Tage später steht Agnes wie versteinert am offenen Grab ihrer Familie am Friedhof von Reith. Der kleine Niklas schmiegt sich hilfesuchend an seine Mutter, trotz seiner Jugend ahnt das Kind die kommende schwere Zeit. Die junge Frau spürt den leichten Regen nicht, fröstelt nicht im kühlen Wind und wie durch einen Schleier nimmt sie eine große Trauergemeinde wahr. Niklas Neuwirth ist ein geachteter Fachmann im

Die Brixlegger Schmelzhütte.

Schmelzwerk Brixlegg gewesen, so überwiegt die Kleidungs-
farbe Rot bei den stumm um die offene Grabstätte stehenden
„Schmölzern". Diese werden vom neuen Hüttenverwalter
Ambrosius Murnauer angeführt. Der kam in Begleitung von
seiner Frau Felicitas und von Sohn Josef. Die begüterte Familie schickt sich gerade an, Schloss Lichtwehr zu erwerben, wie
sich manche Trauergäste zuflüstern.

Auch viele Knappen und die Bruderschaft der Grubenzimmerer haben sich mit einer Abordnung eingefunden. Im Hintergrund sieht das tieftraurige Mädchen viele Bekannte stehen, darunter die Töchter der Familie Haller und ihre Mutter
Anna. Die Frauen haben viel Zeit mit ihrem Neffen Niklas
verbracht. Tief im Inneren regt sich eine unbestimmte Sehnsucht nach den starken Armen Martins, die sie nur kurz in der
unvergesslichen Nacht auf Mehrnstein spüren konnte. Wo
mag ihr Geliebter wohl jetzt sein?

Nur mit halbem Ohr vernimmt sie das Geläute des Toten-
glöckleins, die uralten lateinischen Totengebete des jungen
Kaplans mit dem mahnenden „Memento homine quia pulvis
es et in pulverem reverteris!" (Gedenke Mensch, du bist Staub
und zu Staub kehrst du zurück). Dumpf fallen die ersten Erd-
brocken auf den Leichnam, als sich die Trauergemeinde zum
nahen Unteren Wirt begibt. Das Totenmahl, bezahlt vom landesfürstlichen Werk, ist wie das seit alters her gewohnte Be-
gräbnisritual der Kirche eine Hilfe zur Bewältigung der Trauer.
So kommt es auch, wenn auch nicht bei allen – die Stimmung
der Trauergäste verbessert sich im Gasthaus schrittweise, nur
der Sinn des blonden Mädchens verdüstert sich zusehends.
Wie soll es mit ihr weitergehen? Ihr geschätzter Dienstgeber
musste als verfolgter Ketzer fliehen, der Rattenberger Richter
wird die Stablmühle kirchentreuen Personen übergeben, die
ihre eigenen Dienstleute mitbringen.

Auch die Unterkunft ihres Vaters im Schmelzwerk wird sie
wohl räumen müssen, es sei denn, ein rotgewandeter Hütten-

mann wird ihr Ehemann. Wo soll ihr kleiner Sohn aufwachsen? Manch mitleidiger Blick trifft das verzweifelte Mädchen, Trostworte prallen von ihr ab. Ein Nachbar nähert sich ihr, umarmt sie und flüstert, er werde sie gegen Abend aufsuchen. Es ist der Handwerker Heinz Fasser, dessen Familie das Fasser-Anwesen neben der Stablmühle besitzt, und der nicht viel älter als Agnes ist. Heinz blieb bislang unbehelligt, aber er hat einen älteren Bruder namens Jörg, der seit 1527 von den Behörden gesucht wird. Der ehemalige Mönch hatte im Schwazer Bergwerk als Wasserheber gearbeitet und ist seither verschwunden. Bei den „peinlichen" Verhören der eingekerkerten Täufer wurde offenbar, dass Jörg Fasser als „reisender Apostel" für die Täufer in anderen Landesteilen tätig sein dürfte – für die Obrigkeit ein todeswürdiges Verbrechen.

Bei der vertraulichen Unterredung enthüllt Heinz dem bedrückten Mädchen, das er schon lange als Nachbar des Stablmüllers kennt, am Abend seine wahre Einstellung. Er ist – wie sie bereits vermutete – ebenfalls ein überzeugter Täufer, hat das aber bislang geschickt verborgen. Trotzdem wird er von der Obrigkeit misstrauisch überwacht. Um den Verdacht von sich abzulenken, arbeitet er derzeit bei einer Brauerei in Rattenberg und besucht regelmäßig die Gottesdienste.

Und er bietet Agnes einen Ausweg aus ihrer bedrängten Lebenslage an: „Wir müssen fliehen, denn wir sind beide den Behörden höchst verdächtig – ich durch meinen gesuchten Bruder und du durch deine Anstellung beim „Ketzermüller" Wilhelm. Ich habe schon alles für unsere Flucht vorbereitet. Wenn dir dein Leben lieb ist und unsere Religion heilig, solltest du mich begleiten. Viel Zeit haben wir nicht mehr …"

Agnes Entschluss ist schnell gefasst: „Ich begleite dich – aber nicht ohne meinen Sohn. Ich lasse Niklas nicht allein zurück. Der Junge ist jetzt fast fünf Jahre alt, der schafft das." Und energisch wegen der zweifelnden Miene von Heinz Fasser: „Ich habe die Tragödie bei den Dänckls erlebt; Niklas muss mit!"

192

9. WIEN IN BEDRÄNGNIS

Im Heer des Sultans
Sommer und Herbst 1529

Auf dem beherrschenden Burgberg der siebenbürgischen Stadt Schäßburg versammeln sich die hohen Ratsherren in der uralten Gaststätte „Haus zum Hirschen", rumänisch „Casa cu Cerb". Bürgermeister Klaus Eichhorn hat zu einer wichtigen Sitzung geladen. Man unterhält sich in deutscher Sprache, denn die wohlhabende Stadt ist um 1270 von Einwanderern aus dem Rheinland gegründet worden und ist seither überwiegend deutsch bewohnt. Das schmucke Schäßburg zählt zu den zahlreichen blühenden Siedlungen der „Siebenbürger

Transylvanien (Siebenbürgen)

Sachsen". Diese haben sich von der ungarischen Krone im Fürstentum Siebenbürgen eine große Selbstständigkeit ertrotzt, ihre mächtigen Kirchenburgen prägen die schwermütige Landschaft, die die Rumänen „Transsylvanien" nennen.

„Wir müssen gar nichts!" murrt der Schustermeister Hans Holter trotzig und bezieht sich auf die Ausführungen des Bürgermeisters. Der hatte zuvor der Ratsversammlung über die politische Lage berichtet: „Ihr alle wisst, dass unser früherer König Lajos – wir Sachsen sagen Ludwig – 1526 in der Schlacht von Mohács gegen die Türken gefallen ist, das ungarische Heer ist vernichtend geschlagen worden. Kaum einer der tapferen Kämpfer ist dem Kugel- und Pfeilhagel entronnen. Wir hier in Siebenbürgen sind halbwegs unbehelligt geblieben, weil sich unser Landesfürst Johann Zapolya dem Sultan unterworfen hat. Das war der einzige Ausweg, sonst wären die Türken auch über uns hergefallen. Sultan Süleyman, genannt „der Prächtige", hat sich am Beginn seiner Regierungszeit zunächst sehr friedlich gebärdet, bis er fest im Sattel saß. Aber dann wurde aus einem Schaf ein Löwe, habe ich gelesen. Seine Rivalen hat er unbarmherzig beseitigt, auch viele seiner Verwandten mussten sterben. Nun wird er im Osmanischen Reich schon als „Schatten Allahs auf Erden" verehrt. Seine Krieger, besonders die fanatischen Janitscharen, verbreiten überall Angst und Schrecken und gelten als unbesiegbar."

Das alles war den Ratsherren in großen Zügen bereits bekannt, nun kam Eichhorn auf neuere Entwicklungen zu sprechen. Diese hatten bereits den Siebenbürgischen Landtag beschäftigt, der seit einigen Jahren Schäßburg als Tagungsort erwählt hatte: „Süleyman hat den Ban Zapolya als König im türkisch beherrschten Teil von Ungarn anerkannt, als Gegengewicht zum Habsburger Ferdinand, der im unbesetzten westlichen Teil Ungarns zum König gekrönt worden ist. Einige von euch wissen das schon, ihr wart ja beim Landtag dabei. Und jetzt schaut es nach Krieg aus; Krieg zwischen dem Hei-

Sultan Suleiman

ligen Römischen Reich und der „Hohen Pforte“, dem Zentrum des Osmanischen Reichs in Konstantinopel. Der Sultan will sich den Goldenen Apfel holen, so nennt er Wien als Sitz der Habsburger Kaiser. Manche glauben sogar, dass mit dem

Goldenen Apfel gar nicht Wien, sondern das päpstliche Rom gemeint ist. Dann wäre Wien nur ein erstes Ziel auf dem Weg nach Italien. Zuzutrauen wäre es dem Türkenkaiser."

Nun werden die biederen Ratsherren aufmerksam und spitzen ihre Ohren: „Wie auch immer, zur Belagerung der Stadt braucht er erfahrene Bergmänner, die Stollen unter die Wiener Stadtmauer graben sollen – und die muss ihm Siebenbürgen stellen."

Beim Heimweg hinunter in die schlafende Stadt gesellt sich der Bürgermeister nochmals zum mürrischen Schustermeister Holter: „Du hast ja im Grunde recht, Hans, wir sollten uns da heraushalten, aber wir haben keine Wahl. Mit den umherstreifenden Banden sind wir immer noch fertig geworden, aber die Osmanen sind weitaus stärker. Gegen die können wir uns keinen Widerstand leisten und wenn wir auch" – Eichhorn blickt auf den mächtigen Stundenturm, Wahrzeichen seiner Stadt – „noch so gut befestigt sind. Da sind sich die siebenbürgischen Städte, soweit ich das beim Landtag erfahren habe, ziemlich einig. Außerdem hat sich unser Landesfürst schon dem Sultan unterworfen. Es sollen aber nur Freiwillige gehen, Süleyman soll, so hört man zumindest, fürstlich zahlen."

Die Werber des Sultans ziehen durch die Siedlungen Siebenbürgens und es findet sich tatsächlich eine beträchtliche Zahl von Bergleuten und abenteuerlustigen jungen Männern, die ihren Lockrufen und dem Handgeld nicht zu wiederstehen vermögen. Sie kommen aus allen Volksgruppen Siebenbürgens, von den ungarischen „Szeklern", den rumänischen „Walachen" und den deutschen „Sachsen".

Einer davon ist der Handwerker Heinz aus dem betriebsamen Marktflecken Trappold in der Nähe von Schäßburg. Heinz Werold, der über einige bergmännische Erfahrung verfügt – er hatte in einer Saline nahe Hermannstadt gearbeitet – verlässt seine Heimat mit gebrochenem Herzen: die Wirtstochter Kathrin, der er sehr zugetan war, hält noch wie ihre Familie eisern am katholischen Glauben fest, während Heinz wie der überwiegende Teil der deutschen Trappolder bereits der neuen evangelischen Lehre folgt. An diesem Zwist scheitert eine hoffnungsvoll begonnene Beziehung, weil beide junge Menschen ihrer Überzeugung treu bleiben wollen.

Im Spätsommer 1529 erreicht das türkische Heer nach einem beschwerlichen Anmarsch auf den aufgeweichten und grundlosen Straßen Ungarns die Stadt an der Donau. Als schauerlicher Voraustrupp haben die „Akindschi" schon Angst und Schrecken verbreitet. Die verängstigte Bevölkerung nennt die schnellen Reitergruppen „Renner und Brenner". Es sind halbwilde Abkömmlinge von Steppennomaden, die die Einwohner im Umkreis von Wien terrorisieren und entlang der Donau weit nach Westen vordringen. Sie ernähren sich aus dem Land, plündern und brandschatzen die Dörfer und hinterlassen eine Spur der Verwüstung. Die Einwohner sind des Todes oder kommen in die Sklaverei. Besonders begehrt sind die hellhäutigen, blonden Frauen, die auf den Sklavenmärkten des Osmanischen Großreiches hohe Preise erzielen werden.

Gefangen durch „Renner und Brenner"

In einem weiten Bogen umschließt die riesige Zeltstadt mit unzähligen Völkerschaften aus dem Osmanischen Reich die wehrhafte Stadt. Auf einer erhöhten Stelle erheben sich die Prunkzelte Sultan Süleymans und seines Großvezirs Ibrahim Pascha, der als „Serasker" der Oberbefehlshaber des Belagerungsheeres ist. In ihrer Nähe lagern die Sipahis, die unbedingt verlässliche Leibgarde. Diese bewachen nicht nur Sultan und Großvezir, sondern schirmen auch die großzügigen Unterkünfte der zahlreichen Haremsdamen ab.

Über 300, geht die Rede, soll der „Beherrscher aller Gläubigen" in seinem Palast in Istanbul haben. Einige, darunter die Gedliki, die Zofen des Sultans, haben ihn sicher begleitet. Die sind für die Betreuung des Herrschers speziell ausgebildet worden. Manche glauben, dass Süleyman sogar seine Lieblingsfrau Roxelane, ein Geschöpf von angeblich überwältigender Schönheit, mitgenommen hätte.

Dazu kommen die von den Akindschis geraubten Mädchen aus der Umgebung Wiens. Es soll den hohen Herrschaften an nichts fehlen.

Heinz und seinen Kameraden wird mehrfach eingeschärft, ja nicht in die Nähe des Haremsbezirkes zu kommen – da drohen grauenhafte Strafen. Einige Fürwitzige konnten ihre Neugier trotzdem nicht bezähmen, ihr schmerzreiches Ende war eine deutliche Warnung: Auf dem Weg zum verbotenen Be-

Osmanen reiten gegen Wien

reich stecken die Köpfe dreier Hingerichteter auf Stangen, ihre schmerzverzerrten Züge sind die Folge schrecklicher Qualen.

Hoch flattern die grüne Fahne des Propheten und die Fahne mit dem Halbmond, dem Symbol der Dynastie Osman. Aufreizend ertönte das „Hu, Hu!" der Derwische, mit dem sie Allah anrufen.

Eine fremdartige Welt tut sich vor den jungen Siebenbürgern auf. Erstmals sehen sie dunkelhäutige Menschen aus Afrika und bestaunen die fremdartigen Kamele. Die sind in großer Zahl als Lasttiere in Verwendung. Schweinefleisch als Verpflegung ist nun verpönt, eigentlich auch der Wein aus den zahlreichen Kellern der ausgeplünderten Umgebung. Dem können aber auch strenge Muslime nicht immer wiederstehen.

Fünfmal am Tage ruft der Muezzin im melodischen Arabisch die Gläubigen: „Bismillâhi arachmâni arrachîm … Im Namen Allahs, des Erbarmers, des Barmherzigen!" Und dann folgt die Aufforderung zum Gebet: „Haj alassela! Haja allalfelah!" Sehr häufig zitiert er die Sure „al Faht" (Sieg), die 48. der Offenbarungen aus dem Koran. Die Streiter des Islam verneigen sich zum Gebet Richtung Mekka, die Christen halten sich vorsichtig im Hintergrund. „Den Gebetsruf nennen sie Azan", erzählt der Ungar Istvan, der schon länger bei den Osmanen dient, „den könnt ihr mit unseren Kirchenglocken vergleichen."

Verteidiger Wiens

Nach der Ankunft der Hauptmacht hatten die Türken unverzüglich mit der Beschießung der Wälle begonnen. Die Auswirkungen sind bescheiden, denn es sind nur kleine „Stücke" (Kanonen) im Einsatz. Der Toptschi-Baschi, so bezeichnen

Belagerung Wiens durch die Türken

Janitscharen

die Türken den General der Artillerie, rauft sich ergrimmt die Haare. Die grundlosen ungarischen Straßen haben die Mitnahme der schweren Belagerungsartillerie unmöglich gemacht.

So stürmen die Fußtruppen mit dem uralten islamischen Kampfruf „Allah hu akbar!" (Allah ist groß!) gegen die Stadtmauern und verbluten. Die ersten Sturmangriffe scheitern, die Janitscharen erleiden schwere Verluste und müssen sich zurückziehen. Stumm stehen Heinz und die anderen Siebenbürger in den Lagergassen und sehen mit Schrecken, dass auch die Janitscharen nicht unbesiegbar sind. Grässlich verwundete Osmanen und viele Tote werden zurück geschleppt.

Nun schlägt die Stunde der siebenbürgischen Bergleute und Handwerker. Im ungarischen Szeget waren sie von den siegesgewohnten Türken noch sehr abweisend empfangen worden. Ein reich geschmückter Janitscharen-Aga hatte sie in gebrochenem Deutsch als „Kuffār", also Ungläubige, beschimpft, die man vermutlich gar nicht brauchen werde. „Der schaut ja gar nicht wie ein echter Türke aus", hatte Heinz Werold seinem Nachbarn angesichts des hellhaarigen Agas zugeflüstert. „Ist er auch nicht", lässt ihn ein erfahrener Knappe wissen, „der stammt irgendwo vom Balkan. Den haben sich die Türken als

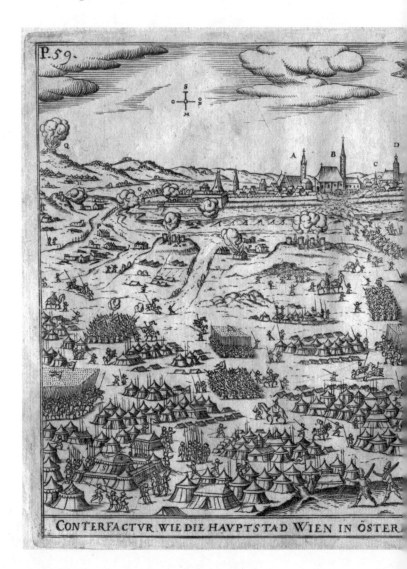

CONTERFACTVR WIE DIE HAVPTSTAD WIEN IN ÖSTER

kleinen Buben von den Eltern geholt; „Dewschirme", „Knabenlese", nennen sie das. Die Türken erziehen die Jungen in ihrem Sinne und machen aus ihnen überzeugte Moslems. Die meisten landen bei den Janitscharen und werden fanatische Kämpfer, einige haben aber hohe Ränge im Osmanischen

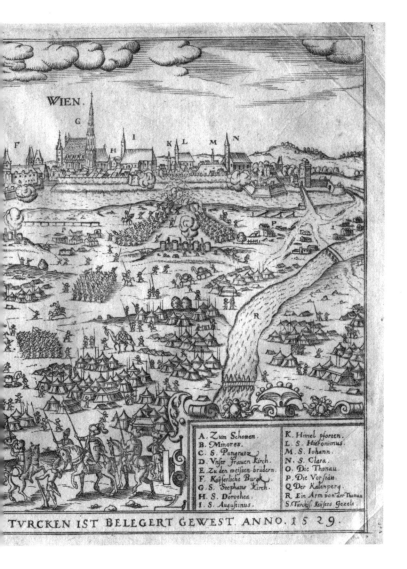

TVRCKEN IST BELEGERT GEWEST ANNO. 1529.

Reich erreicht und fast alle haben ihre Herkunft vergessen."

Die Bergleute geraten bei ihrem Stollenbau in ein höllisches Inferno. Viele bereuen schon zutiefst, sich dem türkischen Heer angeschlossen zu haben. Aber nun ist kein Entkommen mehr, die Scharfrichter der Osmanen sind schnell mit dem Richtschwert und so müssen die Siebenbürger hinein in den Todesreigen. Die Verteidiger Wiens, obwohl eigentlich hoffnungslos in der Minderzahl, kämpfen mit großer Tapferkeit und Einfallsreichtum gegen die Belagerer. Die Gefahr der Unterminierung ist ihnen wohl bewusst, und so beginnen angeworbene Tiroler Bergknappen mit dem Bau von Gegenstollen. Der Kampf unter der Erde entwickelt sich zum Albtraum für beide Seiten. Feuerwaffen sind wegen der gelagerten Schwarzpulvermengen verpönt, auch die kleinen Flämmchen der wenigen Laternen sind gefährlich. So entwickelt sich beim Zusammentreffen der Stollengräber im Halbdunkel ein schauerliches Handgemenge mit Stich- und Schlagwaffen. Wie düstere Geister der Unterwelt fallen beide Seiten übereinander her – und erkennen manchmal überrascht, dass sie die gleiche Sprache sprechen ...

Im belagerten Wien
Herbst 1529

Gespannt blicken die Verteidiger in einem Keller nahe dem Kärntner Tor auf eine Trommel, auf der sich Erbsen befinden. Aus deren Bewegungen können die bedrängten Wiener erkennen, ob im Untergrund ein türkischer Stollenbau im Gange ist. Der muss unbedingt verhindert werden, denn einige Sprengungen haben bereits gefährliche Lücken in die Stadtmauern gerissen.

In fieberhafter Eile machen sich Martin und seine Tiroler Bergknappen ans Werk und wühlen sich den feindlichen „Maulwürfen" entgegen. Die Wiener unter Bürgermeister Wolfgang Treu wissen sehr wohl, was sie an den Bergleuten haben und entsprechend freundlich hatte man sie in der bedrohten Stadt empfangen. Man ist um jeden zusätzlichen Verteidiger heilfroh, der die Kämpfer unter dem Kommando von Graf Niklas Salm verstärkt und niemand fragt vorerst, ob sich etwa ein Ketzer darunter befinde.

Auch die Täufer sind für die Wiener kein Problem angesichts der tödlichen Bedrohung durch das Heer des Sultans. Und so graben die schwitzenden Knappen, die den gewachsenen Tiroler Felsen gewohnt sind, durch das für sie ungewohnte Flussgeschiebe des Untergrundes. Den Grubenzimmerern von Martin Haller kommt eine wichtige Aufgabe zu, die brüchigen Stollenwände entsprechend abzustützen.

Hinter den Bergleuten lauern wohlbewaffnete Landsknechte – ein vertrauter Anblick für Martin. Der trennt sich auch bei der mühseligen Arbeit nicht von seinen Waffen. Die Nerven sind zum Zerreißen gespannt, denn es ist nur eine Frage der Zeit, bis die türkische Sprengkammer erreicht sein wird. Eile ist geboten, denn die Zündung kann jederzeit stattfinden und dann Gnade Gott den Verteidigern. Plötzlich fällt die letzte Trennwand und wie höllische Lemuren stürzen sich die Tiroler Knappen und die Landsknechte auf die überraschten Feinde. In der fast totalen Dunkelheit sind Freund und Feind kaum zu unterscheiden, ein brutaler Kampf Mann gegen Mann entbrennt. Martin ist als erfahrener Krieger seinem bereits verwundeten Gegner schnell gewachsen und schickt sich an, diesen zu erwürgen: „Du Heidenschwein, fahr zur Hölle!" Überrascht hält er inne, denn der „Türke" bittet in Deutsch, halb erstickt um Gnade.

Diesmal war das Schicksal den Verteidigern gut gesonnen: die Sprengkammern waren bereits gefüllt, das angehäufte Schwarzpulver ist gut zu gebrauchen – allerdings jetzt auf der Gegenseite. Die Zündschnüre waren schon gelegt, die Stollenbauer wollten sich gerade zurückziehen, als ihre Gegner wie Höllengeister über sie hereinbrachen.

Martin stützt den Verwundeten, der von den Verteidigern nicht zu unterscheiden ist, durch den stickigen Gegenstollen Richtung Wiener Innenstadt. Er lässt seinen Gegner, der auch ein Bergverwandter zu sein scheint, am Leben, da seine Neugier geweckt ist. Außerdem gilt es zu bedenken, dass Wien Fachleute für den Stollenbau dringend brauchen kann – und seien sie auch bisher auf der Seite der Belagerer tätig gewesen.

Der ob seiner Tapferkeit berühmte Ritter Eicke von Reischach, der den meist gefährdeten Bereich beim Kärntner Tor befehligt, klopft Martin anerkennend auf die Schulter: „Gut gemacht, Tiroler! Eine Sprengung hier hätte uns in verdammte Bedrängnis gebracht!" Das war das höchste Lob, das man dem grimmigen Kriegsmann entlocken konnte.

Heinz Werold, dessen Wunden sich nicht als bedrohlich erweisen, weicht nicht mehr von Martins Seite. Froh, dem türkischen Zwang entronnen zu sein, verspricht er hoch und heilig, nun seine Fähigkeiten auf Seiten der Wiener einzusetzen. Er erzählt von seiner siebenbürgischen Heimat, von seiner Jugend im geschäftigen Trappold: „Wir haben 41 Wirte und eine ganz neue Kirchenburg!". Stolz verkündet er, sogar eine Schule besucht zu haben und erfährt verwundert, dass auch Martin das Lesen und Schreiben beherrscht. Von einem legendären Fürsten namens Vlad Tepesch Draculea, geboren in Schäßburg, weiß er Schreckliches zu berichten: „Von dem hört man wilde Geschichten, Martin. Der hat vor ein paar Jahrzehnten bei uns

Vlad Tepesch Dracula

erfolgreich gegen die Türken gekämpft – mit unglaublicher Grausamkeit. Er hat Gefangene auf spitze Pfähle gesteckt, darum nennt man ihn auch Tepesch, das heißt der Pfähler. Das ist ein grauenhafter und langsamer Tod, den ich auch meinem ärgsten Feind nicht wünschen würde. Man erzählt sich, Vlad hätte sich ein gutes Essen auftischen lassen und hätte mit seinen Freunden neben den Sterbenden getafelt."
Heinz kann noch von weiteren Schreckenstaten Draculas berichten: da gibt es die Geschichte von Hüten, die man unhöflichen Gesandten an die Köpfe genagelt hätte und von abgeschabten und mit Salz bedeckten Fußsohlen, an denen Ziegen leckten und unerträgliche Schmerzen auslösten. Trotz der schauerlichen Geschichten ist Martin nicht besonders beeindruckt. Er hat selbst genügend Schreckliches, besonders beim „Sacco di Roma", gesehen. Grauenhafte Bilder, die ihn zeitlebens verfolgen werden.

Vlad Tepesch Draculas grausames Tribunal

Bei der gemeinsamen Abwehr der Janitscharen über und unter den Mauern der bedrängten Stadt entwickelt sich spontane Freundschaft zwischen den jungen Männern aus den weit entfernten Winkeln des deutschen Sprachraumes. Heinz erkennt sehr schnell, dass seine Überlebenschancen an der Seite des kriegserfahrenen Tirolers weitaus größer sind. Martin hat ebenfalls viel zu erzählen: von der Wunderwelt der Karibik, vom römischen Inferno und seiner langwierigen Rückkehr aus Italien, von der bislang vergeblichen Suche nach seiner Jugendliebe Agnes und den Umständen, die ihn in die belagerte Stadt verschlagen hatten.

An den Freitagen flaut die Angriffslust der Belagerer merklich ab und die beiden Freunde benützen einen dieser Tage mit trügerischer Waffenruhe, um neugierig den Turm des Stefansdoms zu besteigen. Von oben bietet sich ein umfassender Rundblick über die bedrohte Stadt und die bunten Zeltlager des osmanischen Heeres. Martin und Heinz sind nicht allein in der luftigen Glöcknerstube. Ein offensichtlich erzürnter Künstler – seinen Namen will er nicht preisgeben, die beiden Besucher mutmaßen, dass er ein „beruembter Maler zu Wien" sei – arbeitet an einem umfangreichen Bild über die Belagerung. Die Darstellung ist außergewöhnlich: Kreisförmig mit Mittelpunkt Stefansdom werden die Stadt und ihre Verteidiger „verzeychnet", dazu die Brennpunkte der Abwehrkämpfe an den Mauern, wobei zeitlich unterschiedliche Ereignisse zusammengefasst werden. Davor erblickt man die türkischen Angreifer und das besetzte Hinterland.

Deutlich zeigt der brummige Künstler seinen Unwillen über die Anwesenheit der beiden jungen Krieger, aber ihre Bewunderung besänftigt ihn bald. Als sie ihm von den unterirdischen Kämpfen berichten, wird er sehr zugänglich: „Leider kann ich die nicht darstellen, aber das Kärntner Tor habe ich nicht übersehen. Da ist immer was los". Und angesichts ihrer wachsamen Blicke Richtung Belagerer kommt eine beruhigende Mitteilung: „Die türkischen Kanonenkugeln braucht ihr hier oben nicht zu fürchten, junge Herren. Es gibt, das weiß ich sicher, eine Vereinbarung zwischen dem Sultan und der Stadt, den Turm gezielt zu verschonen. Deshalb kann ich hier so ruhig zeichnen und malen …" Und der Nachsatz: „Wenn ich nicht durch … hm … Besucher gestört werde …" Der Hinweis ist überdeutlich und die Freunde ziehen sich höflich grüßend zurück.

Mitte Oktober 1529 sehen die erfreuten Wiener von den Wällen, dass das osmanische Heer seine Stellungen räumt, sein unübersehbares Zeltlager abbaut und abzieht. Ein gescheiterter letzter Sturmangriff mit blutigen Verlusten, große Versorgungsschwierigkeiten und wohl auch der nahende Winter hatten den Serasker zum Abbruch der Belagerung gezwungen. Sultan Süleyman sieht seinen Feldzug nicht als Misserfolg und schwört, bald wieder zu kommen. Dann will er den Turm des Stefansdoms zu einem Minarett umbauen lassen.

Mit dem vorläufigen Ende der Türkengefahr erfasst die befreite Stadt eine überschäumende Lebenslust, für die die Wiener schon seit alters her bekannt sind. Die Schänken sind voll fröhlicher Zecher, der Wein fließt in Strömen und die Verteidiger genießen die Dankbarkeit der Wienerinnen. Die sind von ihren eigenen Männern enttäuscht, ein beträchtlicher Teil hat vor Beginn der Belagerung die Flucht ergriffen.

Die geflüchtete Landbevölkerung kehrt zögernd in ihre verwüsteten Dörfer zurück, noch immer auf der Hut vor umherstreifenden türkischen Nachzüglern. Das Umland wird viele Jahre brauchen, um sich von der osmanischen Sturmflut zu erholen.

Für Martin Haller und seinen neuen Freund Heinz Werold kommt die Stunde der Trennung. Heinz, als geschickter Handwerker in Wien sehr gefragt, will in der Stadt bleiben. Die Erinnerung an die standhafte Kathrin in Siebenbürgen verblasst, dazu eröffnet ihm die Gunst einer jungen Wirtstochter einen neuen Lebensweg. Deren Verlobter ist während der Belagerung an der Roten Ruhr, einer tückischen Krankheit, verstorben. Heinz wird nicht mehr nach Trappold oder Schäßburg zurückkehren, als Wirt kann er im lebenslustigen Wien durchaus sein Auskommen finden.

Auch Martin ist wieder einmal an einem Scheideweg seines bewegten Lebens angelangt: An Geld mangelt es ihm nicht, bei der Plünderung des verlassenen türkischen Lagers sind den Verteidigern Wiens beträchtliche Reichtümer zugefallen. Bürgermeister Wolfgang Treu und der Stadtkommandant Niklas Graf Salm schütteln den Tiroler Bergverwandten bei der Verabschiedung persönlich dankbar die Hände und betonen abermals ihre großen Verdienste bei der Abwehr.

Die Frauenwelt sieht den Abzug der kernigen Bergleute sehr ungern und manche Träne fließt. Es herrscht Männermangel in Wien: Schon vor der Ankunft der Türken sind viele wehrfähige Bürger lieber aus der bedrohten Stadt geflüchtet, Belagerung und bösartige Seuchen haben einen tödlichen Tribut gefordert. Ein gestandener Mann wie Martin ist sehr begehrt. Eine Magdalena aus einer ehrbaren Wiener Bürger-

Stadt Wien um 1500

familie zeigt deutlich ihre Zuneigung und bringt ihn in arge Versuchung. Auch ihre Eltern wären heilfroh über diesen Schwiegersohn. Aber der Tiroler kann sich nicht zum Bleiben entschließen. Eine tiefe Sehnsucht treibt ihn nach Westen, wo er irgendwo in Böhmen oder Mähren seine geliebte Agnes vermutet. Seine Suche beginnt erneut.

Osmane mit gefangenem Ehepaar.

10. VERFOLGUNG UND HOFFNUNG

Gefahren in West und Ost
Frühjahr und Sommer 1530

Der Winter 1529/30 peinigt die Menschen des Tiroler Unterlandes mit extremer Kälte und einige arme Taglöhner liegen erfroren in ihren windigen Hütten. Erst spät nach Ostern kehrt plötzlich der Frühling ein und der Alpbach wandelt sich durch das reichliche Schmelzwasser in einen tosenden Wildbach. Nicht zum ersten Mal tritt das Gewässer über die Ufer und holt sich seine Opfer. Ein altes Ehepaar ertrinkt in den Fluten, während es Habseligkeiten aus der gefährdeten Behausung retten will. Und nicht zum ersten Mal reißt die Gewalt der Wogen die Brücke in Brixlegg weg, deren zersplitterte Balken dem ebenfalls Hochwasser führenden Inn zustreben.
Zur unbarmherzigen Natur gesellt sich abermals die Grausamkeit des Menschen, denn in diesem Frühjahr wird auf

Rattenberg

strikten Befehl des Landesfürsten die unerbittliche Verfolgung der Täufer fortgesetzt. Aus Innbruck kommen strenge Anweisungen zur „ausreittung der widertaufferisch sect". Wieder füllen sich die düsteren Kerker der Festung Rattenberg und erneut muss der Henker sein blutiges Handwerk verrichten.

Nun werden die Hinrichtungen vorwiegend im bergseitigen Wallgraben der Festung Rattenberg durchgeführt. Die Behörden hatten erkannt, dass öffentliche Exekutionen, wie die des Knappen Jörg Rack, einen gegenteiligen Effekt auslösen. Der gebürtige Oberländer hatte sich am stadtnahen „Blutacker" zunächst vom Henker verabschiedet und ihm verziehen, dann seiner Familie zugewunken und gerufen: „Hier verlasse ich Weib und Kind, Haus und Hof, Leib und Leben um des Glaubens willen!" Dann kniete er sich nieder und neigte sein Haupt zum Todesstreich. Diese Glaubensstärke und Todesverachtung beeindruckte die Zuschauer zutiefst und führte den Täufern neue Anhänger zu.

Verbrennung von Ketzern, Seb. Münster, Cosmographey

Auch diesen drohte bald der Tod in mehrfacher Form: schnell kam er durch das Schwert, was als „ehrenvoll" und als „Milderung" galt. Besonders bei Frauen war das Ertränken in einem Fass eine von den Henkern bevorzugte Tötungsart. „Verstockte Ketzer" mussten auf den Scheiterhaufen. Diese qualvollste Art der Hinrichtung war für Vorsteher, Missionare oder bei rückfälligen Täufern vorgesehen. Diese „Irrgläubigen" konnten keine Milde mehr erwarten. Ihnen blieben sonst übliche „Erleichterungen" wie das vorherige Erdrosseln oder das Anbringen von kleinen Pulversäckchen auf der Brust verwehrt. So wäre man wenigstens den unmenschlichen Qualen der Flammen entkommen.

Sah man dunkle Rauchwolken hinter der Festung aufsteigen, gedachte die Bevölkerung zumeist mit Mitgefühl der Hingerichteten. Auch schwangere Frauen wie die Magd Martha Kopf aus Radfeld erfuhren keine Gnade. Ihre Hinrichtung wurde aber bis einige Wochen nach der Geburt ihres Kindes verschoben. Für die zahlreichen Kinder der Hingerichteten hatte der Rattenberger Stadtrichter zu sorgen.

Im Spätherbst 1529 erreicht die frohe Kunde vom Ende der Türkenbelagerung Wiens das Tiroler Unterland. Zurückkehrende Knappen, deren Stollenbau die erfolgreiche Abwehr der Angriffe unterstützte, haben eine wissensdurstige Zuhörerschar. Aber in den Kreisen der verbliebenen Täufer vermag keine Freude aufkommen, die Bedrohung des eigenen Daseins beschäftigt die Menschen viel mehr.

Bei den geheimen Zusammenkünften herrscht unter den Huttererfamilien blanke Verzweiflung über ihr künftiges Schicksal. Schier unerträglich lastet die Entscheidungsfrage auf den Betroffenen: Nicht jedermann ist zum Märtyrertod bereit, denn es gilt auch das Schicksal der zahlreichen Kinder zu bedenken. Soll man seiner religiösen Überzeugung vordergründig abschwören und „die Arche" verlassen? Oder soll man sein nacktes Leben retten, kinderlos die Flucht nach Osten in eine unsichere Zukunft wagen? Jede Entscheidung, wie immer sie ausfällt, führt zu Seelenqualen. Auf geheimen Wegen kommen Nachrichten von den aufblühenden Hutterergemeinden in Böhmen und Mähren. Manche kehren trotzdem von dort zurück …

Jakob Hutter

Freiheit und Gefahren im Osten
Herbst 1529 bis Sommer 1530

Zweifelnd blickt der Rattenberger Stadtrichter auf Margreth, die Frau des Brixlegger Zimmermanns Bartholomäus Gut. Sie wird verdächtigt, mit anderen Täufern im vergangenen Jahr auf dem Wasserwege nach Mähren geflüchtet zu sein. Die gewitzte Frau mit wüster Haartracht mimt mit Erfolg die Unbedarfte und gibt sich gekonnt ahnungslos: sie sei überredet worden, wisse nicht genau, wo sie gewesen sei, weit weg jedenfalls, und dort habe sie Heimweh bekommen. Ausführlich berichtet sie von den Grausamkeiten, die die türkischen „Renner und Brenner" während der Belagerung Wiens verübt hätten. Die Schreckensgestalten seien gar nicht mehr so weit entfernt gewesen und sie hätte eine „Heidenangst" vor der ständigen Bedrohung gehabt. Auch wisse sie inzwischen, welcher der wahre Glaube sei, beteuert sie mit treuherzigem Augenaufschlag.

Die vorgetäuschte Einfalt führt zum Erfolg: Die „Gutin", diktiert der genervte Richter dem Schreiber des Vernehmungsprotokolls, sei ungefährlich und hätte „einen kleinen und wenigen Verstand".

Wenn der viel beschäftigte Richter die Wahrheit erkannt hätte, wäre seine Reaktion viel schärfer ausgefallen. Noch am selben Abend trifft sich eine ganz andere Margreth Gut mit einigen im Lande verbliebenen Täufern in einem abgelegenen Bauernhof hoch oben in Zimmermoos. Die Zimmermannsfrau berichtet begeistert von blühenden Leben der Hutterergemeinden in Böhmen und Mähren, wo man sich nach dem Ende der Türkengefahr unter toleranten Landesherren zu seinen Glaubensvorstellungen bekennen kann. „Ich habe das Heimweh und die Sehnsucht nach meinen Kindern nicht mehr ausgehalten", betont Margreth, „ansonsten wäre ich gerne dortgeblieben."

Verschwiegen hatte die Gutin bei ihrer Vernehmung auch, dass bei ihrer Flucht Agnes Halbwirth, deren Sohn Niklas

Krumau in Böhmen

und Heinz Fasser zeitweise ihre Begleiter gewesen waren. Im November 1529 hatten die Unterländer nach einer abenteuerlichen Flussfahrt und einem anstrengenden Fußmarsch das malerische Krumau an der oberen Moldau erreicht. Das Städtchen steht unter der Schirmherrschaft der Rosenberger, einem weit verzweigten böhmischen Adelsgeschlecht. Von den Habsburgern halten sie größtmöglichen Abstand und betonen ihre Unabhängigkeit vom Haus Österreich.

Der erste Schnee rieselt von einem grauen Himmel, als die freudig überraschte Agnes am Marktplatz von Krumau auf bekannte Gesichter trifft. Die meisten Angehörigen der großen Brixlegger Mühle, genannt die „Stäbler", sind tatsächlich dem Richtschwert entkommen und haben eine führende Rolle unter den hiesigen Täufern errungen. Mit Freudentränen kann Agnes ihren Dienstherrn Wilhelm Dänkl und seinen Sohn Anton begrüßen. Niklas ist hocherfreut, seinen ehemaligen Spielgefährten aus Brixlegger Tagen wieder zu begegnen. „Die Mutter hat die Strapazen der Flucht nicht überstanden", flüstert Anton traurig, „dazu hat ihr die Sehnsucht nach

218

meinen Geschwistern das Herz gebrochen!" Auch sein Vater Wilhelm ist sichtbar mitgenommen, der einst so stattliche Mann ist nur mehr ein Schatten seiner selbst. Seine erste Frage betrifft die zurückgelassenen Kinder. Noch hat der Müller die Hoffnung nicht aufgegeben, wieder einmal mit seinen Liebsten vereint zu sein: „Du hast es besser gemacht, Agnes! Wir hätten die Kinder nicht zurücklassen dürfen!"

„Dankt dem Herrn", wird den Ankömmlingen kundgetan, „dass ihr erst jetzt gekommen seid! Im September haben die türkischen ‚Renner und Brenner' in der Nähe gewütet und wir mussten einige Wochen auf der Hut sein. Doch nun ist wieder Ruhe eingekehrt, die Türken sind abgezogen. Aber noch trauen wir dem Frieden nicht ganz; vielleicht kommen sie im Frühjahr zurück."

Sie kamen nicht, der Sultan und sein gefürchtetes osmanisches Heer haben nun andere Ziele. Aber nur kurz ist der Täufergemeinde Frieden vergönnt. Eine innere Unruhe ergreift die fromme Schar, es drängt sie größtenteils zum Umzug nach Austerlitz in Mähren. Dort wird der böse Geist des Zwistes nach der aufblühenden Gemeinde greifen. Der bisherige Prediger Jörg Zaunring aus Salzburg, ein besonnener und auf Ausgleich bedachter Ehrenmann, ist in Krumau verblieben. In Austerlitz wird ein Siegmund Schützinger aus Rattenberg als Prediger bestimmend. Der hatte sich schon in seiner Tiroler Heimat als streitlustig und unduldsam erwiesen, Agnes hat ihn in schlechter Erinnerung. Er wird die bislang harmonische Gruppe radikalisieren und für Zwietracht sorgen.

Der will die junge Mutter entgehen und bleibt mit ihrem Sohn in Krumau. Ein böser Vorfall bestärkt sie in ihrem Entschluss, nach einer gemeinsamen Gebetsstunde war sie plötzlich schwer beschuldigt worden.

Der kritische Geist der Tirolerin missfällt manchen Huttern schon lange, die gereizt darauf verweisen, dass nach der Bibel „das Weib in der Kirche zu schweigen habe". Dazu ist manchen Moralisten ein Dorn im Auge, dass Heinz Fasser unverheiratet mit Agnes zusammenlebt. Auch der kleine Niklas führt zu bösen Vermutungen: „Wer ist wohl sein Vater, wahrscheinlich doch der Heinz?" Die Lästermäuler wissen nicht, dass die junge Frau seine zaghaften Annäherungsversuche schon in Tirol energisch zurückgewiesen hatte.

Nur einmal, in einer stürmischen Gewitternacht, hatte sie sich in einer einsamen böhmischen Hütte schutzsuchend in die Arme des Täufers geflüchtet. Der konnte sein unerwartetes Glück kaum fassen und bis an sein Lebensende wird er die Erinnerung an diese sturmumtoste Liebesnacht wie ein kostbares Juwel bewahren. Eine enthemmte Frau hatte in einer außergewöhnlichen Lage lange entbehrte Sinnlichkeit ausgelebt – mit einer Stärke, die sie selbst erschreckte. Aber ihre Gedanken gelten einem anderen. Aus dem Strudel der Lust taucht das Bild von Martin auf, Heinz verschwindet aus ihrem Bewusstsein.

Im Licht der Morgensonne erlebt der junge Mann enttäuscht abermals eine abweisende Agnes, die zutiefst ihre Schwäche bedauert. Bisher hat sie mit starkem Herzen ihr Leben gemeistert. Aber die letzte Nacht hat sie verunsichert, und stellt sich bang die Frage nach der Sinnhaftigkeit des Wartens auf einen fernen Geliebten.

Heinz spürt ihr Schwanken und will die Hoffnung noch nicht aufgegeben. So verbleiben sie weiterhin als nur gute Freunde in einer Wohngemeinschaft. Das will die Gruppe um den eifernden Schützinger nicht glauben und mit zustimmendem Gemurmel einiger Täufer nennt er Heinz einen „Hurer" und beschimpft auch Agnes.

Schutzsuchende und Seelenpein
Sommer 1530

Die tief gekränkte Tirolerin sagt sich von der Gruppe los und wird ihr nicht nach Austerlitz folgen. Die restliche Täufergemeinde in Krumau ist inzwischen durch weiteren Zuzug aus Tirol angewachsen. Neu angekommene Flüchtlinge wie Ursula, tieftraurige Witwe des hingerichteten „Silberbrenners" Caspar Khuen, berichten über die andauernde unerbittliche Verfolgung der Täufer: „Ein Rattenberger Ratsherr hat uns insgeheim mitgeteilt, dass man im Regiment in Innsbruck uneins war, ob es nicht besser wäre, unsere Flucht zu dulden. Aber es hat sich dann die harte Linie des Landesherrn durchgesetzt, und der Freimann (Henker) bekommt wieder viel Arbeit im Landgericht Rattenberg!"

Ein Bergmann aus Brixlegg mischt sich ein: „Derzeit ist keiner mehr sicher, sogar Mitglieder der Wurmsippe hat man verdächtigt. Das ist eine hochgeachtete und weitverzweigte Familie mit großen Bauernhöfen am Bruggerberg und Stummerberg, außerdem hat sie gute Verbindungen zu den Bergverwandten. Das hat den Wurms sehr geholfen, denn die Obrigkeit fürchtete einen erneuten Aufruhr im Bergrevier Rattenberg. Die Knappen sind für das Regiment und die Fugger einfach zu wichtig, die wollte man nicht schon wieder reizen. So hat man den August Wurm recht milde behandelt, obwohl er fünf Personen getauft hat – ich war einer davon. Nach einer einjährigen Haft ist er begnadigt worden, andere führende Täufer sind dem Henker nicht entkommen."

Und ein Hüttenmann ergänzt: „Der Romedius Wurm ist ein wichtiger Mann im landesfürstlichen Schmelzwerk. Der hat auch einmal zu uns Täufern gehört, aber er hat die Arche wieder verlassen müssen. Zu seiner Verteidigung hat er sich etwas Außergewöhnliches einfallen lassen: als Beweis seiner Reue und Rechtgläubigkeit hat er innen an die Kirchenwand in Brixlegg feierlich und vor Zeugen einen frommen Spruch geschrieben. Er bittet da den Kirchenpatron, den Hl. Josef, um seine Hilfe. Dazu hat er einen „Tatzelwurm" gemalt – ich glaube, das ist das Wappentier der Wurms – und das Zeichen der Schmelzer. Dann hat man ihn in Ruhe gelassen …"

Es seien aber, berichten die Flüchtlinge übereinstimmend, noch genügend Hutterer im Lande verblieben. Nur verhielten sie sich jetzt vorsichtiger und würden sich nicht mehr öffentlich dazu bekennen: „Viele haben nicht fliehen wollen, das kann man verstehen. Sie haben es nicht übers Herz gebracht, ihre kleinen Kinder allein zurückzulassen. Da haben sie lieber öffentlich abgeschworen, leiden Seelenqualen und warten nun auf mildere Zeiten." Der plötzliche Tod des strengen Stadtrichters Anngst hatte Hoffnungen geweckt, aber sein Nachfolger Ernst Pranndt blieb bei der radikalen Linie. Konnte wohl auch gar nicht anders, sonst hätte er sich wohl den tödlichen Zorn des unerbittlichen Landesfürsten zugezogen.

Weitere verbitterte Zillertaler gesellen sich zur Gruppe: „Wir am Talausgang haben besonders unter der Verfolgung zu leiden. Die Schergen haben mehrere führende Glaubensbrüder wie den Streicher Hans und seine Katharina, den Pölt Paul und den Wildhueter Lienhard gefangen, alle aus Bruck. Sie haben trotz aller Überzeugungsversuche nicht von ihrem Glauben gelassen. Keiner hat das Jahr überlebt".

„Aber alle erwischen sie nicht", erzählt Bartl Nickinger, Bauer aus Bruck am Ziller, grimmig, „unser Glaubensbruder Onofferus wird schon lange gesucht. Aber er hat mit uns zu Weihnachten sogar eine große Versammlung im Hagauer Wald abgehalten – und keiner hat ihn verraten, obwohl sie 100 Gulden für seine Ergreifung ausgesetzt haben!" Dann überwältigt ihn die Erinnerung und er bricht in Tränen aus. Bei seiner überhasteten Flucht musste er seine uralte Großmutter samt seinem sechs Monate alten Sohn zurücklassen. Bartls Bruder Hans, ein begabter Steinmetz, hatte zu lange

gezögert, wurde gefasst und endete „als verstockter Ketzer"
auf dem Scheiterhaufen.

„Den hab' ich gern gemocht, der kam öfter bei uns in der
Stablmühle vorbei" ruft einer von den geflohenen Müllers-
knechten. „Dann hast du sicher auch den Ober Hans aus
Bruck gekannt, einen alten Freund von mir", murmelt der geflüchtete Bauer verbittert, „dem haben sie als b'sondere Gnad²
– vielleicht, weil er am Bau der Brixlegger Kirche mitgearbeitet
hat – das Feuer erspart und nur zum Schwerttod verurteilt."

Karte mit Bruck, Schlitters, Ziller, Inn und der Kirche von Strass.

Agnes brennt schon lange eine Frage auf der Zunge: „Habt ihr in Tirol etwas gehört von Martin, der nach der Kirchenweihe wegen eines Streits aus dem Land geflüchtet ist?" Vorsichtig verschweigt sie seinen unvergesslichen Kurzbesuch einige Zeit später. Einer der Flüchtlinge weiß etwas: „Ein paar Knappen, die vor Radstadt waren, sind wieder im Lande. Man braucht sie dringend, die letzte Pest hat viele Bergleute hinweggerafft. So haben sie gleich wieder Arbeit bekommen und hoffen, dass sie keiner fragt, wo sie gewesen sind. Einer hat den Martin beim Rückzug Richtung Süden gesehen. Vielleicht ist er noch im Venezianischen und kämpft für die Heilige Liga oder für einen anderen hohen Herren. Wer kennt sich bei den Welschen schon aus …" Ein Täufer aus Radfeld kann mehr berichten: „Der kämpft nicht mehr für Venedig, hat mir ein alter Landsknecht erzählt. Der Haller-Bub hat sich den Kaiserlichen angeschlossen und ist mit denen gegen Rom gezogen. Da soll' s ja wild zugegangen sein!"

Also kann er noch am Leben sein, hofft Agnes insgeheim. Ob er sie schon vergessen hat? Ihr Sohn Niklas fragt immer wieder hartnäckig, wer denn sein Vater sei. Zerrissen zwischen bösen Ahnungen und Wellen der Hoffnung wehrt sie alle gut gemeinten Versuche ab, sie zu verheiraten.

Sie wird zur Außenseiterin, denn sie bleibt entgegen den Gebräuchen der Hutterer ledig. Ihr früherer Begleiter Heinz Fasser hat inzwischen seine Bemühungen um eine engere Verbindung mit Bedauern aufgegeben. Sie trennen sich als Freunde, er zieht mit Hutterern nach Austerlitz, bleibt aber dort nicht von erneuten Anfeindungen verschont.

Agnes bewohnt mit ihrem Sohn eine bescheidene Hütte am Stadtrand von Krumau und entwickelt sich immer mehr zu einer gefragten Heilerin. Sie hat im Haus des Stablmüllers viel von der „Kräuterhexe" Magdalena Wölzenberger gelernt und ihre Ratschläge für die Krankenpflege, Heilpflanzen und die Rezepte für wirksame „Tränklein" nicht vergessen. Ihr Ruf eilt ihr voraus und bald hat sie viele Hilfesuchende, die ihr mehr vertrauen als den rüden Badern und geldgierigen Doktoren.

Aber ihre Heilkunst birgt Gefahren, denn heilende Frauen werden zunehmend verdächtigt. Der Hexenwahn hat inzwischen weite Teile „Theutschlandts" erfasst, im katholisch gebliebenen wie auch im reformierten Anteil. Selbst Martin Luther glaubt an Hexen und heißt ihre Verfolgung gut. Auch in Böhmen und Mähren ist bereits in den Gerichtsstuben der Städte das verderbliche Buch des Heinrich Kramer, betitelt „Malleus maleficarum", zu Deutsch: „Der Hexenhammer", in Verwendung. Das Machwerk eines aus Tirol vertriebenen Inquisitors wird zur Grundlage für entsetzliche Verbrechen an unschuldigen Menschen, vorwiegend Frauen.

Die hexenfeindliche Stimmung sollte der Tirolerin bald zum Verhängnis werden. Die nächsten Monate sind trügerisch friedlich, die Huttergemeinde blüht auf. Da lässt die Vorsicht der jungen Frau immer mehr nach und ungezwungen bewegt sie sich auf den Fluren und in den Wäldern rund um Krumau.

Inzwischen weiß sie die Standorte der Heilpflanzen und mit vollem Korb kehrt sie zu ihrer Hütte am Stadtrand zurück. Bis auf jenen Sommerabend, an dem sie auf dem Heimweg von einer Rotte wilder Reiter umstellt und mit dem hasserfüllten Ruf: „Haben wir dich endlich gefasst, du hinterlistige Hexe!" brutal gefesselt wird. Ein übelriechender Stoffsack, über

Folter angeblicher Hexen

den Kopf gestülpt, macht sie blind und raubt ihr die Orientierung.

Vergeblich sind die Hilferufe der überraschten Agnes, obwohl Hutterer auf den nahen Äckern arbeiten. Der kleine Niklas, der verzweifelt versucht, mit einem Stock seine Mutter zu verteidigen: „Lasst sie los, sie hat euch nichts getan!", wird mit roher Gewalt zur Seite geschleudert. Bedrückt blicken die herbei geeilten Hutterer dem Reitertrupp nach, der sich in einer Staubwolke entfernt. Mitleidig trösten sie das tränenüberströmte Kind und nehmen es in ihre Obhut.

Am nächsten Tag findet sich die verzweifelte Agnes in einem düsteren Verlies der nahen Stadt Budweis wieder. Die katholisch gebliebene Stadt verdankt ihren Reichtum ihrer günstigen Lage an einem wichtigen Nord-Süd-Handelsweg, dem Abbau von Silber und dem Ruf ihres guten Bieres. Aber der Stadtrichter fühlt sich auch verpflichtet, die Bürger vor den Hexen zu schützen, den „Hexenhammer" hat er eifrig studiert.

Wochenlang schmachtet Agnes mit zwei verängstigten Frauen

im Kerker, dem Hunger und den Schikanen der Wärter ausgesetzt. Das Herz bricht ihr fast in der Sorge um ihr minderjähriges Kind. Entsetzt sieht sie den Zustand der Mitgefangenen nach der Rückkehr vom Verhör. Deren flehentliche Unschuldsbeteuerungen wurden nicht geglaubt, mit „peinlicher Befragung" brach man den Widerstand. Schließlich, so berichteten die angeblichen Hexen, gestanden sie alles, selbst die unsinnigsten Verbrechen und ihre Verbindungen mit dem Satan. Nichts sei wahr, aber sie wollten lieber sterben als nochmals solche unmenschlichen Qualen zu erdulden.

Dann wird auch die Tirolerin vor das Gericht gezerrt. Der Richter fackelt nicht lange: Leugnen hätte keinen Zweck, es gäbe genügend glaubwürdige Zeugen, die sie der Hexerei bezichtigen. Agnes hört die Namen von Ärzten, die ihr wegen der Heilerfolge schon länger feindlich gesinnt sind. Nur so, hatte ein ehrenwerter Medicus ausgesagt, könne man sich die überraschenden Genesungen ihrer Patienten erklären. Eigentlich, gehe es nach der hohen Wissenschaft, müssten die schon lange tot sein. Da konnte nur der Teufel mit im Spiele sein.

Ein unerwartetes Verhalten der Angeklagten überrascht das Gericht. Ein Raunen geht durch die Zuschauer. Das übliche

Hexenverbrennung

Zeigen der Folterinstrumente zur Einschüchterung wäre bei ihr gar nicht notwendig gewesen. Mit reuevoller Miene gesteht sie in einer ausführlichen „Urgicht" alle die ihr zur Last gelegten Verbrechen. Aber der erbarmungswürdige Anblick täuscht, die Tirolerin ist trotz der langen Kerkerhaft nicht entmutigt und hat sich ihr starkes Herz bewahrt. In den einsamen Nächten kreisten ihre Gedanken fieberhaft um einen Ausweg aus ihrer bedrohlichen Lage, ein riskanter Fluchtplan entstand: sie spielt ein gefährliches Spiel, bei dem es um ihr Leben geht. Zunächst gilt es, eine körperliche Schwächung durch Folter zu vermeiden und Zeit zu gewinnen. Von ihren Mitgefangenen hat Agnes erfahren, dass Hexenverbrennungen nur an gewissen Feiertagen stattfinden und die Zeit bis dorthin muss für die Flucht genutzt werden.

So kämpft sie vor dem hohen Gericht wohlbedacht nicht gegen die absurden Beschuldigungen und nimmt ohne sichtbare Erregung das Todesurteil zur Kenntnis, das ihr einen Flammentod am Scheiterhaufen verheißt. Benommen stolpert sie zurück in ihre Zelle und bricht dort zusammen. Aber das ist Teil ihres Planes, denn eine kraftlose Gefangene erfordert weniger Wachsamkeit. Auch Branntwein ist im Spiel, besonders in den späten Abendstunden sind die Büttel häufig sinnlos betrunken, der Kerkerschlüssel liegt manchmal unbeaufsichtigt in Reichweite der Gefangenen. Die wartet gespannt auf eine günstige Gelegenheit, fest entschlossen, es trotz aller Gefahren zu wagen. Den weiteren Fluchtweg hat sich Agnes beim Weg zu den Verhören eingeprägt. Sie hat nicht vergessen, wie der Stablmüller dem Rattenberger Gefängnis entkam, das muss auch in Budweis möglich sein. Aber wie ein Damoklesschwert hängt die Möglichkeit einer peinlichen Befragung über ihr, ganz soll der Richter ihrer Reue nicht getraut haben, hört sie aus Gesprächen ihrer Bewacher. Der Wettlauf zwischen Flucht und Feuertod beginnt …

Ein Sohn und ein Gottesurteil
Böhmen, Spätherbst 1531

Mit dem Schicksal hadernd reitet Martin nach Westen, der sinkenden Sonne entgegen. Bislang ist seine Suche nach der verschollenen Geliebten ergebnislos gewesen. In einer Schänke an der Donau bei Linz trifft er abends auf eine frohe Runde von heimkehrenden Schiffsleuten, die einiges zu berichten wissen. Da geht die Rede von einer Gruppe, die als ihr Ziel Krumau in Böhmen angegeben hätten. Der Tiroler wird hellhörig: „Waren das etwa Hutterer aus Tirol?" Der raue Schiffer zuckt die Achseln: „Sprecht Ihr von den angeblichen Ketzern, junger Herr? Gut möglich, ich habe schon mehrfach welche auf meinem Flussschiff mitgenommen. Ihre Mundart hat sie verraten. Sie dürften aus Tirol gekommen sein."

Ein Richtungswechsel ist vonnöten: nicht mehr nach Westen, sondern nach Norden über die alte Handelsstraße Linz-Prag lenkt Martin sein geduldiges Pferd. Eine peinigende innere Unruhe lässt ihn die Marktflecken des Mühlviertels durcheilen und bald überschreitet er die alte Grenze des Königreichs Böhmen. Beim Durchqueren eines Wäldchens nahe Krumau trifft er auf Reisig sammelnde Frauen und Kinder – der Winter ist nicht mehr fern – und hört zu seiner Überraschung sogar Tiroler Mundart. Es sind Huttererfrauen, die im vergangenen Jahr aus dem Tiroler Unterland geflohen sind und – die zweite Überraschung – einige Frauen haben Angehörige, die Martin vor seiner Flucht gut gekannt hat.

Bedrückt klagen sie Martin ihr Leid: „Wir haben immer Angst, wenn wir außerhalb der Stadt sind. Vor zwei Monaten haben bewaffnete Unholde vor unseren Augen die Agnes geraubt und nach Budweis verschleppt. Wir haben sie alle geschätzt, weil sie eine begnadete Heilerin ist. Sie ist die Tochter von Niklas, der war ein beliebter Hüttenmann in Brixlegg. Du hast sie vielleicht gekannt." Vielleicht? Und wie er sie kennt und sich nach ihr sehnt …!

Und dann ein Satz, für ihn wie ein Donnerschlag: „Sie hat ihren kleinen Sohn zurücklassen müssen. Er heißt Niklas, wie sein Großvater und ist untröstlich wegen seiner Mutter." Agnes hat einen Sohn? Etwa fünf Jahre alt? Und eine Frau spricht es aus: „Das Kind schaut dir sogar ähnlich! Du könntest sein Vater sein …"

Ein Blick auf den Knaben genügt, da steht sein junges Ebenbild vor ihm. Es fällt ihm unendlich schwer, aber noch will er sich nicht als sein Vater offenbaren. Zunächst ist die Mutter zu retten. Nun ist kein Rasten und Ruhen, bis er die Mauern von Budweis erblickt. Zwei Wanderer sieht er die Straße ziehen, will eilenden Rittes vorüberfliehen, da hört er sie die Worte sagen: „Bald geht es der nächsten Hexe an den Kragen, sie kommt auf den Scheiterhaufen. Das Schauspiel werden wir uns nicht entgehen lassen!"

Mit gestrecktem Galopp nähert er sich dem Stadttor und sieht sich einem Wald drohender Lanzen gegenüber. „Gemach, Fremdling!", herrscht ihn ein Gewappneter in klirrender Rüstung an, „so schnell kommt keiner bei uns hinein. Es treibt sich genügend Gesindel herum. Wer seid und was wollt Ihr bei uns?"

Im Hintergrund wird ein höherer Offizier hoch zu Ross aufmerksam und reitet näher. Er mustert den Tiroler zunächst misstrauisch, dann erhellt sich plötzlich seine grimmige Miene: „Das ist ein Ding! Bist du' s wirklich, Martin?" Auch Martin erkennt nun den Hauptmann: es ist Rüdiger von Freistadt, mit dem er vor zehn Jahren in Italien kämpfte. Vor Siena hat er dem Mühlviertler in einem wilden Kampf gegen Schweizer Söldner das Leben gerettet. Rüdiger hat ihm das nicht vergessen: „Martin, du bleibst mein bester Kamerad! Das waren tolle Zeiten im Welschland!" Und nach einem freundschaftlichen Schlag auf seine Schulter: „Gemeinsam gekämpft, gemeinsam gesoffen und gemeinsam gehurt! Das verbindet uns alte Landsknechte für immer!" Wieder einmal eine glückliche Fügung in Martins bewegtem Leben!

Am Abend enthüllt er seinem ehemaligen Kameraden beim Bier seine Absichten. Der sieht für die geplante Befreiung von Agnes nur wenig Möglichkeiten: „Es mag ja sein, dass sie unschuldig ist. Das habe ich mir auch bei den zwei Frauen gedacht, die vorgestern verbrannt worden sind. Aber sie ist nun mal verurteilt und der Stadtrichter ist ein sturer Knochen." Nachdenklich reibt Rüdiger sein stoppeliges Kinn, dann kommt ihm ein Gedanke: „Vor zwei Jahren hat er bei einem Streitfall ein Gottesurteil zugelassen. Das ist inzwischen zwar nicht mehr üblich, aber der Richter ist mir noch etwas schuldig und möglicherweise kann ich ihn dazu überreden."

Und er legt Martin die Hände auf die Schultern: „Du weißt aber schon, dass es dabei auch um dein Leben geht! Wenn du getötet wirst, ist auch das Leben von der Agnes verwirkt!" Und nach einem tiefen Zug aus dem Bierhumpen: „Aber ich kenn' dich vom Schlachtfeld und das lässt mich hoffen. Viel Glück, alter Kamerad, du wirst es trotzdem brauchen!"

Zwei Tage später steht Agnes angekettet auf dem Scheiterhaufen. Davor erstreckt sich der Kampfplatz für das Gottesurteil: Martin gegen einen vom Gericht bestimmten Gegner. Der ist ein zum Tode verurteilter Verbrecher, der darin die Chance für sein Leben sieht. Es wird ein Kampf auf Leben und Tod, der Überlebende ist nach alter Meinung nicht schuldig. Der angeblichen Gerechtigkeit ist somit Genüge getan: entweder stirbt der Verbrecher oder es fällt Martin und dann wird auch Agnes als endgültig überführte Hexe ein Raub der Flammen.

Umgeben von einer großen Menschenmenge, umkreisen sich die Kämpfer. Der Verbrecher Jockel, genannt „der Höllenhund", hat mehrere Morde auf dem Gewissen und verdiente sein Todesurteil. Er ist offensichtlich ein ehemaliger Landsknecht, das erkennt der Tiroler sofort an seiner geübten

Kampf mit Bihändern

Handhabung der Waffen. Singend durchschneiden die Bihänder die Luft und prallen mit metallischem Klang aneinander. Fast hätte Martin seinen Gegner unterschätzt, der kann ihm eine blutige Fleischwunde am linken Oberarm beibringen. Ein Raunen geht durch die Menge: „Siegt der Höllenhund?" Zitternd verfolgt Agnes vom Scheiterhaufen den Verlauf des unerbittlichen Kampfes, denn auf Martins Tod würde sofort ihr grässlicher Flammentod folgen. Der Henker wartet schon. Die Kämpfer wechseln zum leichteren Handschwert. Das erlaubt ein schnelleres Handeln. Inzwischen sind die Sympathien der Zuschauer eindeutig auf Seiten Martins. Es hat sich herumgesprochen, dass er für dieses Mädchen sein Leben riskiert. Das berührt besonders die Frauen zutiefst. Und so geht ein Schrei der Genugtuung durch die Menge, als Jockel mit durchbohrtem Herzen zu Boden taumelt. Erleichtert bindet der Henker das Mädchen los, froh, diesmal die aufwändige Arbeit einer Verbrennung nicht machen zu müssen – obwohl das schreckliche Handwerk gut bezahlt wird. Unzufrieden ist nur der Stadtrichter Pollheimer, dem wäre die Hexenverbrennung lieber gewesen.

Noch ganz benommen klettert Agnes vom Scheiterhaufen, auf dem ihr ein grausamer Tod gedroht hätte. Lange Jahre des Suchens und der Trennung scheinen nun ein Ende zu haben. Die beiden jungen Menschen fallen sich in die Arme, Worte sind nicht nötig. Unter den Jubelrufen der Menge verlassen sie die böhmische Stadt.

Beschwingt reiten sie nach Süden, begleitet vom fahlen Licht einer spätherbstlichen Sonne. Ihr Glück scheint nun vollkommen, sie freuen sich auf ihren gemeinsamen Sohn.

Aber im Schoße der Zukunft ruhen noch viele Herausforderungen für die junge Familie. Weitere turbulente Jahre liegen vor ihnen, bis sie endlich in der „Martinshütte" am Geyrerbach in St. Gertraudi Frieden finden werden.

ENDE

ANHANG

Alpbach: heutige Bezeichnung für den Talbach; bis in das 17. Jahrhundert war „Prisslech" gebräuchlich. Im Roman werden durchwegs die heutigen Ortsbezeichnungen verwendet.

Berg bei Puerto Plata/Dominikanische Republik: im Roman bestiegen von Martin und Miguel; wird später *Pico Isabel de Torres* benannt und ist 793 m hoch. In den Jahren 1987/88 entstand hier die einzige Seilbahn der Karibik. Guter Blick auf die „Costa de Ambar", einen Abschnitt der dominikanischen Nordküste.

Bergverwandte: aus der Bergmannssprache, Sammelbezeichnung für alle mit dem Bergbau beschäftigten Personen: Bergrichter, landesfürstliche Beamte, Knappen, Grubenzimmerer, Gewerken, teilweise auch Holzknechte und Köhler.

Bilder des Hilarius Duvivier (gest. 1643 in Rattenberg): die zwischen 1610 und 1637 entstandenen sog. „Grenzkarten" sind die ältesten Darstellungen von Brixlegg und der Hofmark Münster. Besonders das „Jagdbild" (Original im Staatsarchiv Wien) zeigt erstaunlich genau das Ziller- und Alpbachtal, die beide in das Mittlere Unterinntal münden – einem Schauplatz des Romans.

Brixlegg: alter Bergbau- und Industrieort; um 1520 etwa 700 Einwohner, darunter viele Bergverwandte. Der heutige Ortsname ist in der Zeit um 1520 bereits in phonetisch sehr ähnlicher Schreibweise zu finden: *Prygslek* im Dekanatsarchiv Reith 1405, *Brixleghe* im Salbuch Rattenberg 1416, *Brichslegkh* 1458; bereits *Brixlegg* in einer Jagdkarte von 1630. Im Roman wird die heutige Namensform verwendet.

Dracula, eigentlich Vlad III. „*Tepesch*" Draculea (1431-1476), Woiwode des Fürstentums Walachei; Kämpfer gegen die Türken unter Sultan Mehmed. Sein Geburtshaus im siebenbürgischen Schäßburg ist eine Touristenattraktion; ebenso Schloss Bran bei Brasov/Kronstadt, sein angeblicher Wohnsitz. Seine Grausamkeiten werden in Münsters Cosmographey ausführlich beschrieben: „*In den zeiten König Matthias von Ungarn / ist Weywoden in dieser Walachey gewesen / der streng / ja Tyrannische Mann Dracula / den König Matthias fieng und 10 jar in der Gefengknuß hielt. Man lißt wunderbarliche ding von seiner tyrannischen Gerechtigkeit … zu einer anderen zeit als er viel Türcken hett in Spieß gesteckt / ließ er under die Spieß zurichten einen wohlbereiten Tisch / lebt wol mit seinen Freunden under den armen sterbenden Menschen …*"

Feldscher, auch Wundarzt genannt; waren „Handwerker", die verwundete Soldaten behandelten. Ihre Ausbildung erhielten sie bei Badern oder Hufschmieden. Seit dem 16. Jahrhundert waren sie bei den Landsknechten in die Militärorganisation eingebunden.

Flugzettel: heute neudeutsch als „Flyer" bekannt, sind typisch für die Umbruchszeit um 1500. Das neue Informationsmittel ist eine Folge der Erfindung des Buchdruckes durch Johannes Gensfleisch, genannt Gutenberg (*1400 Mainz bis +1460). 1997 wurde der Buchdruck zur wichtigsten Erfindung des 2. Jahrtausends erklärt.

Franz von Asissi 1224: „Der Tod ist das Tor zum Licht am Ende eines mühsamen Weges"

Galenus, geb. 128 in Pergamon, gest. zwischen 199 und 216 in Rom. Einer der bedeutendsten Ärzte der Antike. Neben dem arabischen Arzt Avicenna einer der „Päpste" der mittelalterlichen Medizin.

Glurns liegt in Südtirol im oberen Vinschgau und ist – neben Rattenberg – eine der kleinsten Städte in den Alpen. Die Stadtmauer aus dem Mittelalter ist noch vollständig erhalten. Berühmtester Sohn ist Paul Flora.

Gnadenbild „Maria vom Guten Rat" ist ein weltweit verbreitetes Marienbild. Nach der Legende soll es 1467 aus dem von den Türken bedrohten Skutari in Albanien auf wundersame Weise nach Italien gekommen sein. Das Original wird im Pilgerort Genazzano (ca. 50 km südöstlich von Rom) verehrt. Der Augustinerorden hat die Verbreitung des Bildes besonders gefördert. Nach dem Cranachbild ist es das meistverbreitete Marienbild in Bayern und Tirol.

Andrea Gritti (*1455 Bardolino, +1538 Venedig); 77. Doge von Venedig, zuvor im diplomatischen Dienst in Istanbul und dann Befehlshaber der venezianischen Truppen. Porträt von Tizian aus dem Jahr 1540.

Irdeiner See: Alter Name für den Zireiner See im Rofangebirge bei Münster. War bis ins späte 19. Jahrhundert gebräuchlich.

Knappenhäusl: auch *Söllhäusl* genannt; frühe Form eines Einfamilienhauses in der Blütezeit des Bergbaues mit einer kleinen Landwirtschaft; nach der Schwazer Bergordnung von 1449 hatten zugewanderte Bergknappen das Recht zum Grunderwerb und Hausbau; im Tiroler Unterland sind noch einige *Knappenhäusl* wie das im Roman erwähnte „Kendlerhaus" erhalten und sogar bewohnt.

Malleus maleficarum: Aus der Fülle der hexenfeindlichen Literatur um 1500 ragt das Werk „Malleus maleficarum" des Theologen Heinrich Kramer, lat. Henricus Institoris, besonders hervor. Es erschien 1486 erstmals in Speyr mit halbkirchlichem Anstrich und beschäftigt sich ausführlich mit den Eigenschaften und dem Treiben der Hexen.

Meldemann-Plan: Ein unbekannter Maler auf dem Turm des Stefansdoms hat in einer ungewöhnlichen Darstellungsform die Belagerung Wiens 1529 gezeichnet; sein Werk ist als „Meldemann-Plan" nach dem Nürnberger Kunsthändler Nikolaus Meldemann bekannt. Der erwirbt das Werk 1530 und macht daraus einen kolorierten Holzschnitt, der heute im Wien Museum am Karlsplatz zu sehen ist.

Päpste in der Zeit des Romans: Alexander VI. (1492-1503), Rodrigo Borgia; Julius II. (1503-1513), Giuliano della Rovere; Leo X. (1513-1521), Giovanni de Medici, Florenz; Hadrian VI. (1521-1523) Adrian Florisz Boeyens; Clemens VII. (1523-1534) Giulio de Medici, in sein Pontifikat fällt der „Sacco di Roma", die Eroberung und Plünderung Roms.

Paracelsus (1493-1541), eigentlich Philippus Aureolus Theophrastus Bombastus von Hohenheim; der gebürtige Schweizer ging in der Medizin neue Wege und war Gegner der Lehren von Galenus. Bei seinen Wanderungen soll er 1516 auch in Rattenberg gewesen sein.

Profos: Ein für die Strafverfolgung und –vollstreckung zuständiger Militärbeamter; Ausdruck wird seit etwa 1500 verwendet.

Reinprecht von Reichenburg (1434-1505), berühmter steierischer Feldhauptmann im Dienste Habsburgs; begleitet Friedrich III. zur Kaiserkrönung nach Rom, kämpft in den Niederlanden und gegen die Ungarn bei Wien 1490; Teilnehmer an der Belagerung von Kufstein 1504.

Salzburg: Hauptstadt des gleichnamigen geistlichen Fürstentums. In den Bauernkriegen entstand eine bekannte

Legende: Bei der Belagerung von Hohensalzburg 1525 soll den rebellischen Bauern durch die tägliche Vorführung eines Stieres auf den Festungswällen ein Nahrungsmittelüberfluss vorgegaukelt worden sein. Um die Belagerer zu täuschen, hat man den einzigen Stier täglich anders bemalt und dann die Farbe abgewaschen. Daher die im Volksmund übliche Bezeichnung *„Salzburger Stierwascher"*.

Schloss Matzen: Burganlage in Reith in ursprünglich romanischem Stil; kam 1492 an die Ritter von Ross, dann durch Heirat ans bayerische Adelsgeschlecht der Frauenberger.

Das „Kreuz von Matzen" hat man lange als Werk aus der Schule des Nürnberger Meisters Veit Stoß betrachtet. Nun wird es einem unbekannten Meister der Donauschule zugeschrieben und befindet sich im Tiroler Landesmuseum Ferdinandeum. Andere Reliquien, darunter ein Kreuzpartikel, könnten auch später unter Siegmund Fieger ins Schloss gekommen sein. Über lange Zeit zählte die Schlosskapelle zu den häufig besuchten Wallfahrtsorten.

Schamkapsel: auch Braguette, Latz genannt. Stoff- oder Lederbeutel zur besonderen Betonung der männlichen Genitalien, besonders bei Landsknechten, aber auch in adeligen Kreisen. Als Beispiele seien die Herrscherporträts von Hans Holbein: Heinrich VIII. (1536/37) und Tizian Vecellino: Karl V. mit Hund (1538) genannt.

Schmelzwerk, landesfürstliches: gegründet 1463 vom bayerischen Herzog Ludwig dem Reichen, im Mündungsbereich des Alpbachs, existiert als einzige Kupferhütte Österreichs noch immer und erzeugt nun metallurgische und chemische Produkte; nach der Sandoz GmbH (Novartis) sind die Montanwerke AG mit etwa 300 Mitarbeitern der umsatzstärkste Betrieb im Bezirk Kufstein.

Die *„schmölzer"* von Brixlegg, im örtlichen Dialekt auch als *„Hütteler"* bezeichnet, waren seit 1464 rot gekleidet, *„weil sie es nit anders wellen"*; die Schwazer bevorzugten Weiß. Die teilweise Selbstversorgung der *„Hütteler"* war jahrhundertelang üblich. Noch in einem Werksplan „Situation der Hütte Brixlegg" von 1863 sind landwirtschaftlich genutzte Kleinflächen und Obstbäume eingetragen.

Sultan Süleyman, der Prächtige (1494/1520-1566): das Osmanische Reich erreicht seine größte Ausdehnung; in der zeitgenössischen Literatur: *„Solymannus der zwölfft Türckisch Keyser. Zelymus hat hinder ihm verlassen ein Sohn mit nammen Solymannum / der regiert und tyrannisiert nach ihm / und er hat der Christenheit großen schaden gethan. Er ließ sich zum ersten ansehen / alß were ein schaf komen auff ein Löwen / …und von natur / wie man meynet / sanfftmütig …"* aus Münster, Cosmographey von 1614.

Stablmühle am Alpbach in Brixlegg: taucht in alten Urkunden erstmals im 10. Jahrhundert als „Angermühle" auf; um 1370 war man dem Kloster St.Georgenberg zinspflichtig. Um 1480 entstand ein großes Wohnhaus mit angeschlossener Mühle und Säge, das nach 1510 von Wilhelm Dänkl erworben wurde. Die „Stäbler" spielen eine gewisse Rolle bei den geflüchteten Täufern in Mähren.

Strudengau, ein enges 25 km langes Teilstück der Donau. Beschreibung in Münsters Cosmographey 1614: *„Die Thonaw laufft durch Oesterreich / und hat under Lintz zwei gefehrliche örter / da die Schiffleut mögen verfahren und verderben ….Darnach eine kleine halbe Meil under dem Flecken Gryn / kompt ein strudel / da laufft das Wasser alles gerings umher / gleich wie ein ungestüme Windsbraut / un erweckt je ein wirbel den anderen …Dan da gehen viel schiff under mit den Menschen / die zu ewigen zeiten nicht wider gesehen werden"*.

Stoffelhäusl in St. Gertraudi vulgo „Gai"/Gemeinde Reith im Alpbachtal ist 1483 entstanden und trug ursprünglich den Hausnamen „Martinshütte". Im Roman der Alterssitz von Martin Haller. Im Laufe der Jahrhunderte stand es in enger Beziehung zum nahen Bergbau als Schmiede und „Krame" (Mitteilung Martin Reiter 2019 und Auftragsrecherche Piff).

Täufer: Religiöse Gruppen ab 1526, auch als „Wiedertäufer", „Hutterer" nach dem Tiroler Jakob Hutter bezeichnet. Große Anhängerschar unter den Bergverwandten, Täufer werden von der Obrigkeit und den etablierten Kirchen verfolgt. Flucht nach Böhmen und Mähren, dann weiter nach Russland und heute wohnhaft in „Bruderhöfen" in den USA und Kanada. Felix Mitterer schrieb ein Drama über die Hutterer für die Schlossbergspiele Rattenberg 2004.

Türkische Moschee: Ein zeitgenössischer Bericht „Von der Türcken Gottesdienst": *Es seind der Türcken Tempel köstlich gebawen / haben kein Bild darinnen / sondern ma findt hin und wider mit Arabischen Buchstaben geschrieben: Es ist kein gott dann einen / Mahomet aber sein Prophet … Bey dem Tempel ist ein hoher Thurm / auff demselbigen geht ein Pfaff umbs Betzeit / steckt die Finger in die Ohren / schreit drey mit aller Macht: Ein wahrer Gott allein. Alßdann komen die Müssiggänger/ die ein andacht ankompt / und beten mit dem Pfaffen. Diß muß ein Pfaff fünffmal thun …"* Aus Münster, Cosmographey, 1614; das sechste Buch.

Uheba: Mundartbezeichnung im Tiroler Unterland für Naturheiler, von denen es auch im 21. Jahrhundert im bäuerlichen Bereich noch einige gibt …

Verbindung Maximilians mit Maria von Burgund: Die Betonung der „übergroßen" Liebe Maximilians zu Maria könnte auch eine politische Notwendigkeit gewesen sein, um den Anspruch des Habsburgers auf den burgundischen Thron nach dem frühen Tod Marias abzusichern, so das Ergebnis neuester Forschungen für das Maximilianjahr 2019.

Wurm-Familie: Weitverzweigte Familie im Unterland und Zillertal, Nachfahren bis zur Gegenwart. Ein lokaler Historiker aus Bruck am Ziller spricht von ritterlichen Vorfahren der Wurm(b)-Familie. Die sollen um 1264 am Rhein wohnhaft gewesen sein. Ein bürgerlicher Zweig hat in Rattenberg im 15. Jahrhundert hohe kommunale Ämter bekleidet und mehrere Wurms sind im Salbuch von 1416 erwähnt.

Rötelinschrift des *Rumedius Wurmb* aus der Zeit um 1530 existiert tatsächlich und wurde bei Stemmarbeiten im Zuge der Brixlegger Kirchenrenovierung im Frühjahr 1974 neu entdeckt. Sie ist nicht vollständig erhalten, links fehlen einige Worte, aber ansonsten noch gut lesbar.

VERWENDETE QUELLEN UND LITERATUR:

ASCHER, Ludwig: Brixlegg bis 1948. Masch. schriftl., Brixlegg 1948.

ANGERER, Anton: Die Augustiner Eremiten in Nordtirol. Unter besonderer Berücksichtigung des Klosters Rattenberg. Dissertation zur Erlangung des Doktorgrades der Theologischen Fakultät an der Leopold-Franzens-Universität in Innsbruck. Stumm 1980.

BÄCKER, Ludwig: Festschrift 500 Jahre Kupferhütte Brixlegg 1463-1963. Brixlegg 1963.

BENEDIKTER, Hans: Rebell im Land Tirol. Michael Gaismair. Europa Verlag, Wien 1970.

BRACHARZ, Elisabeth: Kropfsberg. Sonderdruck aus: Die Burgen im unteren Inntal. Reith i. A. o.J.

FORCHER, Michael; Haidacher, Christoph: Kaiser Maximilian I. Tirol Österreich Europa. Haymon Verlag. Innsbruck 2018.

HERMANN, Horst: Um Kopf und Kragen. Hinrichtungsmethoden und -maschinen. Berlin 2018.

HÖRHAGER, Peter; JUNG, Uli: Schwaz und die Reformation. Martin Luthers Spuren und Einflüsse auf Alltag und Leben in der Silberstadt vor 500 Jahren bis heute. (=Schwazer Kostbarkeiten 9, hsg. von der Stadt Schwaz), Verlag Berenkamp. Innsbruck 2017.

KÖNIG, B. Emil: Ausgeburten des Menschenwahns im Spiegel der Hexenprozesse und der Autodafés. Ein Volksbuch. Berlin-Friedenau 1892.

KORAN: Der edle Qur' ān und die Übersetzung seiner Bedeutungen in die deutsche Sprache. König-Fahd-Komplex zum Druck von Qur' ān. Er Riad o. J.

MAYR, Walter J. (Hsg.): Handelsweg Inn. Hall-Wasserburg. Kufstein 2009.

MECENSEFFY, Grete: Täufer in Rattenberg. In: BACHMANN, Hanns: Das Buch von Kramsach (= Schlern-Schriften 262), Innsbruck 1972, 197-214.

MONTANWERKE BRIXLEGG; OEGGL, Klaus; SCHAFFER, Veronika (Hsg.): Cuprum Tyrolense. 5550 Jahre Bergbau und Kupferverhüttung in Tirol. St. Gertraudi 2013.

MUGENAST, P. Leopold M. O.S.A.: Geschichte der Kirche und des Klosters zum hl. Augustin in Rattenberg 1. Theil vom Jahre 1384-852. Rattenberg o.J. (handschr.)

MÜNSTER, Sebastian: Cosmographey, das ist Beschreibung aller Länder, Herrschafften/ und für neuesten Stetten des gesamten Erdbodens … Basel 1614.

Österreichische Urbare. Herausgegeben von der österreichischen Akademie der Wissenschaften. 1. Abteilung Landesfürstliche Urbare. 4. Band, Die Tiroler Landesfürstlichen

Urbare. 1. Teil Das Rattenberger Salbuch von 1416. Hsg. von Hanns Bachmann. Innsbruck 1970.

Packull, Werner: Die Hutterer. Frühes Täufertum in der Schweiz, Tirol und Mähren. (= Schlern–Schriften 312), Innsbruck 1996.

Perger, Josef: Die Wurm-Sippe. Ein altes Zillertaler Bauerngeschlecht ritterlicher Abstammung. Masch. schr. Bruck 1987.

Pohl, Josef: Reith bei Brixlegg. Beiträge zur Geschichte eines Unterinntaler Dorfes (= Schlern-Schriften 186. Herausgegeben von R. Klebelsberg) Innsbruck 1959.

Rebitsch, Wolfgang: Unterlandler G'schichtn. Merkwürdiges, Lustiges und Tragisches aus dem Mittleren Unterinntal. Edition Tirol. Reith i. A. 2012.

Römling, Michael: „Ein Heer ist ein großes gefräßiges Tier." Soldaten in spanischen und kaiserlichen Diensten und die Bevölkerung der vom Krieg betroffenen Gebiete zwischen 1509 und 1530. Dissertation … an der philosophischen Fakultät der Georg August-Universität Göttingen 2001.

Schmelzer, Matthias: Geschichte der Preise und Löhne in Rattenberg vom Ende des 15. bis in die 2. Hälfte des 19. Jahrhunderts. Dissertation an der Philosoph. Fakultät der Universität Innsbruck, Innsbruck 1972.

Stibich, Robert (Hsg.): grubenhunt und Knappenross. 25 Jahre „Tiroler Bergbau- und Hüttenmuseum Brixlegg". Verlag Berenkamp, Innsbruck 2011.

Stops, Friedrich: Rattenberg. Chronik der alten Stadt am Inn. Thaur 1981.

Wiesflecker, Hermann: Kaiser Maximilian I. Das Reich, Österreich und Europa an der Wende zur Neuzeit. Band I. Jugend, burgundisches Erbe und Römisches Königtum bis zur Alleinherrschaft 1459-1493. Wien 1971.

Ders.: Kaiser Maximilian I. Das Reich, Österreich und Europa an der Wende zur Neuzeit. Band V. Der Kaiser und seine

Umwelt. Hof, Staat, Gesellschaft und Kultur. Wien 1986.

Zucchelli, Christine; Wopfner, Irmeli: Anno 1613. Von Tirol nach Rom. Die abenteuerliche Pilgerfahrt des Doktor Hippolyt Guarinoni. Tyrolia Verlag Innsbruck – Wien 2016.

www.vaticannews.va/de/tagesheilige (Zugriff am 13. 12. 2018)

wikipedia.org/wiki/Augustinerorden(Zugriff am 17. 8. 2019)

wikipedia.org/Wiki/Feldscher (Zugriff am 14. 01. 2019)

wikipedia.org/wiki/Verfassung_der Republik Venedig (Zugriff am 22. 02. 2019)

wikipedia.org/wiki/Landgericht(%Österreich) (Zugriff am 19. 10. 2019)

wikipedia.org/wiki/Beatriz de Bobadilla_(La_Casadora) (Zugriff am 25. 11. 2019)

wikipedia.org/wiki/Vlad_III._Dr%C4%culea (Zugriff am 29. 3. 2020)

Für wertvolle Informationen und Unterstützung besonderer Dank an:

Winfried Altenburger, Rattenberg. Friedl Haller, Jenbach. Hutterer aus der Kolonie „Crystal Spring", Kanada, besonders die Ehepaare Kleinsasser und Wollmann 2006. Mag. Bernd Knetsch, Rattenberg. Prälat Dr. Johannes Neuhardt, Salzburg. Dr. Andreas Oberhofer (+), Puerto Plata-Playa Cofresi, Innsbruck. Mag. Christine Leichter, Innsbruck. Dr. Robert Rebitsch, Universität Innsbruck. Martin Reiter, St. Gertraudi. Elisabeth Sternat, Chronik Brixlegg. Barbara und Johann Strobl, Tiroler Bergbau- und Hüttenmuseum Brixlegg.